国家科技支撑计划城市交通研究项目丛书

城市道路通行能力分析手册

周晨静　王淑伟　著

中国建筑工业出版社

图书在版编目（CIP）数据

城市道路通行能力分析手册/周晨静，王淑伟著. —
北京：中国建筑工业出版社，2019.12
（国家科技支撑计划城市交通研究项目丛书）
ISBN 978-7-112-24665-6

Ⅰ. ①城… Ⅱ. ①周… ②王… Ⅲ. ①城市道路-
道路运输-交通通过能力-手册 Ⅳ. ①U491.1-62

中国版本图书馆 CIP 数据核字（2020）第 016672 号

责任编辑：焦 扬 陆新之
责任校对：赵 菲

国家科技支撑计划城市交通研究项目丛书
城市道路通行能力分析手册
周晨静 王淑伟 著
*
中国建筑工业出版社出版、发行（北京海淀三里河路9号）
各地新华书店、建筑书店经销
霸州市顺浩图文科技发展有限公司制版
北京市密东印刷有限公司印刷
*
开本：787×1092毫米 1/16 印张：11¼ 字数：208千字
2020年7月第一版 2020年7月第一次印刷
定价：**39.00**元
ISBN 978-7-112-24665-6
（35012）

前　言

  道路通行能力分析是道路交通规划、设计及运营管理的基础内容，是道路交通从业者的必备技能之一。本书是笔者在全面总结城市道路通行能力研究及实践成果，借鉴和吸收国外最新版《道路通行能力手册》的分析方法和编排结构，并对我国城市道路设施的通行能力开展专项研究的基础上凝炼总结而成。基于"十一五""十二五"国家科技支撑计划，课题组先后调研北京市、天津市、哈尔滨市、佳木斯市、齐齐哈尔市、长春市、吉林市、大连市、郑州市、杭州市、南京市、福州市、昆明市等城市道路交通运行数据，书中方法和参数取值均根据我国城市道路实际交通运行状况而定立。本书对城市快速路基本路段、分合流区、交织区、信号交叉口、无信号交叉口及城市主干路路段等城市交通设施通行能力分析方法进行系统阐述，可作为交通工程实践人员、交通咨询分析人员和交通工程专业学生学习参考。

  感谢邵长桥、王子雷、李文权、邓卫等课题组成员在研究过程中的大力支持，也感谢王益博士、常鑫博士等对书中内容和算例的校正工作。

  另外，需要特别感谢道路通行能力研究领域的权威专家任福田、荣建两位老师在本书编写过程中提出的宝贵建议。

著　者

2019 年 5 月

目　　录

第 1 章
绪　论

1.1　城市道路通行能力分析的作用

道路通行能力也称为道路容量，指道路某一断面在单位时间内所能通过的最大车辆数。道路通行能力是道路的一种交通性能，是度量道路疏导车辆能力的指标，也是道路规划、设计、运营评价和管理的一项重要参数。道路服务水平是衡量交通流运行条件以及驾驶员和乘客所感受道路服务质量的一项指标。道路通行能力和服务水平是一个事物的两个方面。本书以城市道路交通设施通行能力和服务水平为主要内容，为城市道路交通规划、设计、运营和管理人员提供完整的通行能力分析指南。

城市道路通行能力作为城市道路系统规划、设计与管理的基本依据，贯穿于城市道路工程建设的各个阶段。城市道路通行能力分析的主要作用可以概括为以下三个方面。

（1）用于城市道路规划、设计

以城市道路通行能力为基础，根据交通需求预测以及设计交通量的分析，可以正确地规划道路等级、性质和设计道路的横断面类型，选择正确的设施类型；通过分析道路各组成部分的通行能力和服务水平，发现潜在的瓶颈路段，可以改进设计，消除隐患。

（2）用于城市道路运营评价

通过分析现有道路的交通量，对道路在交通高峰期间提供的服务水平进行评价，确定还能进一步疏导交通量的大小，进而发现道路系统的缺陷，并针对问题提出改建措施。

（3）用于城市道路交通管理

根据道路通行能力和运行状况的分析，可以提出各种交通管理改进措施，更加充分地利用道路的时空资源。

1.2　城市道路通行能力分析的层次

根据城市道路系统建设工作阶段性要求和通行能力分析目标不同，本书从两个层面开展对城市道路交通设施通行能力的分析。

（1）规划和设计分析

在规划、设计阶段，需要计算在特定的交通运行条件下，城市道路交通设施承担一定交通量所需要的几何参数，如车道数、行车道宽度、交叉口类型等以及其他设计要素（如预留中央分隔带、调整路肩宽度、设置公交停靠站）的设置原则。

（2）运行状况分析

城市道路交通设施运行状况分析用来判断交通流的运行状态，计算实际道路条件下的通行能力，以及确定道路交通设施的运营服务水平等级。通过运行分析，可以发现现有交通设施的问题，并寻找解决问题的办法，正确评价道路交通设施的运行状况，为交通管理部门制定正确的管理措施提供依据。

1.3   内容及章节安排

本书内容成稿于"城市道路通行能力与交通实验系统研究"所取得的成果，主要内容包括城市快速路基本路段、城市快速路分合流区、城市快速路交织区、城市信号交叉口、城市无信号控制交叉口、城市环形交叉口、城市主干路的通行能力和服务水平分析，在编排方式和内容取舍上主要基于以下原则：

（1）首先确定通行能力基本概念和城市道路交通流基本参数特征，以便读者对城市道路交通系统运行有整体把握。

（2）分章节详细描述各类交通设施的交通流特性及通行能力相关计算模型和方法推导过程与原理，力求理论方法与运行特性相融合。

（3）分章节分层次讲述各种设施通行能力和服务水平的分析流程，并配以完整分析实例，方便应用。

本书分为 8 个章节，内容安排如下：

第 1 章   绪论，简要介绍城市道路通行能力研究内容、研究目的、分析层次。

第 2 章   通行能力研究概论，讲述通行能力研究的基本定义及城市道路交通流的基本特性。

第 3 章～第 8 章   分别介绍了城市快速路基本路段、城市快速路分合流区、城市快速路交织区、城市信号交叉口、城市无信号控制交叉口、城市环形交叉口、城市主干路的交通流特性及其通行能力和服务水平分析理论、分析流程，并配以实际分析算例。

第 2 章
基本概念

2.1 基本定义

2.1.1 通行能力

道路交通设施的通行能力定义为在一定时段和通常的道路、交通与控制条件下，能合理地期望车辆通过车道或道路的一点或均匀断面上的最大小时流率。道路通行能力按使用性质可分为基本通行能力、实际通行能力和设计通行能力三种。

（1）基本通行能力

指在一定的时段，基本的道路、交通、控制和环境条件下，道路的一条车道或一均匀路段横断面或一交叉点，合理地期望能通过标准车辆的最大小时流率。

（2）实际通行能力

指在一定时段，在具体的道路、交通、控制及环境条件下，一条车道或一均匀路段横断面或一交叉点，合理地期望能通过车辆的最大小时流率。在混合交通的道路上，通行能力以实际车辆数，辆/小时（veh/h）作为计量单位。

（3）设计通行能力

在给定的道路、交通和管制条件下，有代表性的一条车道均匀路段或典型横断面上，在所选用的设计服务水平下（通常选用三级服务水平），设计道路在特定时段内（通常为 15min）所能通过的最大车辆小时流率。在混合交通的道路上，通行能力以标准车折算值，即标准小客车/小时（pcu/h）作为计量单位。

三种通行能力是基于不同的道路、交通管制条件和选用的服务质量要求定义的。基本通行能力与设计通行能力的主要区别在于前者是在基本条件下的通行能力，而后者是在实际（或给定）条件下的通行能力，两者的道路条件和交通条件不同；而实际通行能力与设计通行能力的主要区别在于前者是在不考虑运行质量情况下的通行能力，而后者是在所选用服务水平条件下的通行能力，两者的分析条件也不同，一个是在实际或规划条件下分析应用，一个是在假设条件下分析应用。

因此，通行能力分析可用于确定交通设施在规定的运行质量条件下所能承受的最大交通量；也可用于分析特定交通需求下，道路交通设施的运行质量。这样将道路规划、设计及交通管理等与运行质量联系起来，能更加合理地安排道路建设资金、提高道路工程和交通运输的综合经济效益。

为了能够更好地理解通行能力的含义，需要明确以下几个问题：

（1）通行能力分析一般针对给定的分析时段。通常，该时段为高峰15min，此为稳定交通流的最短存在时间。一般情况下也以 15min 作为研究交通流模型和交通量与运行质量相互关系的时间间隔。本手册中，在没有特别说明的情况下，默认的统计间隔为 15min。

（2）通行能力是在给定的道路、交通和管制条件下来讨论的。道路条件包括车道数、车道宽度、几何线形、横断面形式等内容；交通条件主要包括交通组成、驾驶员总体特征等；管制条件包括限速标志、停车标志、让路标志、信号控制等。只有确定这些条件以后，才能确定交通设施的通行能力。所有这些条件的变化都将导致通行能力的变化。

（3）通行能力是在合理的条件下讨论的。所谓合理指的是一个统计意义上的概念，通行能力实质上是一个统计值，是指在交通需求充足的高峰期间交通设施能反复达到的某个交通流率。如图 2-1 所示曲线，车道通行能力约为 1900veh/h，而不是最大点 2250veh/h。

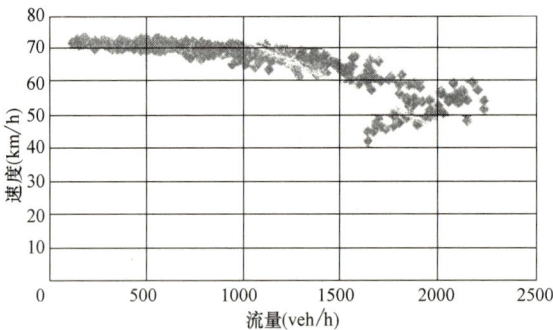

图 2-1　某快速路单车道速度流量曲线图

（4）通行能力分析必须与运行质量相联系。通行能力分析的目的之一是估算已知道路设施所能疏导的最大交通量。由于交通设施在达到或接近其通行能力时，交通状况通常处于不稳定状态，运行质量很差，道路设施需要以此作为规划或设计的依据。因此，通行能力分析必须与交通运行质量联系起来，以保证在一定年限内交通流的稳定运行，但是考虑到道路设施建设的经济性，也不能选取过高的服务水平进行道路设施建设。

2.1.2　服务水平

道路服务水平是衡量交通设施提供的运行质量好坏的定性指标，是道路设施使用者根据其所处的交通流状态，从行车通畅性、舒适性、驾驶自由性和经济性等方面，对道路设施提供疏导服务的直观感受。相同的道路设施，其服务水平不同，道路所能承载的交通量也不同。服务水平等级高，车辆运行速度快，道路交通流量小，驾驶自由度大，驾驶舒适性高。反之，服务水平等级低，车辆运行速度慢，道路交通流量大，驾驶自由度低，驾驶舒适性弱。道路服务水平与道路通行能力是评价道路交通设施提供交通疏导服务的两种不同角度，常用于道路设施规划设计与运营评价两个阶段。需要指出的是，服务水平没有考虑安全因素的影响。

由于各种交通设施中能够敏感地反映交通运行状况和质量的指标不尽相同，同时不同设施条件下指标获取难易程度及评价效果也不同，故不宜采用相同的指标来量度城市道路不同交通设施的服务水平。本书根据指标对交通运行状况和运行质量的敏感程度，选择了能较好反映交通设施运行质量的参数作为衡量该交通设施服务水平的评价指标。表 2-1 列出了用于确定各种交通设施服务水平的评价指标。

确定服务水平的评价指标　表 2-1

城市快速路系统		城市主干路系统	
交通设施类型	评价指标	交通设施类型	评价指标
基本路段	密度[pcu/(km·ln)]	基本路段	平均行程速度(km/h)
匝道与主线连接点	密度[pcu/(km·ln)]		停车延误(s/pcu)
交织区	密度[pcu/(km·ln)]	无信号交叉口	停车延误(s/pcu)
互通立交	密度[(pcu/(km·ln)]	信号交叉口	停车延误(s/pcu)

本书中，将快速路系统中的基本路段、分合流区、交织区等设施归类为连续流交通设施，将城市干道系统中的基本路段、信号交叉口、无信号交叉口等设施归类为间断流设施。连续流交通设施的服务水平是按照交通流状态和使用者对服务质量的感受来度量的；间断流交通设施的服务水平是按照使用者对服务质量的感受和实际道路交通拥堵状态来衡量的。对应于不同的交通设施，服务水平分级标准存在很大差别，笔者将在后续的相应章节具体详细地描述。

与服务水平对应的一个重要参数是服务流率。服务流率是在通常的道路、交通和管制条件下，保持给定的服务水平，合理地期望车辆能通过一条车道、道路的某一点或某一均匀断面的最大小时流率，服务流率通常以高峰时段 15min 为分析基础。

各级服务水平代表一定范围内的交通运行状况。因此，服务流率是每一级服务水平对应的最大服务流量值，表示的是不同服务水平等级之间流量的界限。本书将各类设施服务水平划分为五个级别。

(1) 一级服务水平。交通流处于完全自由流状态。交通量小、速度高、行车密度小，驾驶人能自由按照自己的意愿选择所需速度，行驶车辆不受或基本不受交通流中其他车辆影响。在交通流内驾驶的自由度很大，为驾驶人、乘客或行人提供非常优越的舒适度和方便性。较小的交通事故或行车障碍的影响容易消除，在事故路段不会产生停滞排队现象，很快就能恢复到一级服务水平。

(2) 二级服务水平。交通流状态处于稳定流的上半段，车辆间的相互影响变大，选择速度受到其他车辆的影响，变换车道时驾驶人要格外小心，较小交通事故仍能消除，但事故发生路段的服务质量大大下降，严重的阻塞造成排队车流，使驾驶人心情紧张。

(3) 三级服务水平。交通流处于稳定流范围下限，但是车辆运行明显地受到交通流内其他车辆的影响，速度和驾驶的自由度受到明显限制。交通量稍有增加就会导致服务水平的显著降低，驾驶人身心舒适水平降低，即使较小的交通事故也难以消除，会造成很长的排队车流。

(4) 四级服务水平。交通流处于饱和流状态，对于交通流的任何干扰，例如车流从匝道驶入或车辆变换车道，都会在交通流中产生一个干扰波，交通流不能消除它，任何交通事故都会形成很长的排队车流，车流行驶灵活性极端受限，驾驶人身心舒适水平很差。由于不同类型道路设施交通流运行特性不同，设施服务感受的指标有所差异，因此，不同道路设施服务水平评价指标选取有所不同，且部分设施服务水平评价带有一定综合性，由多项指标组合构成。

(5) 五级服务水平。交通流进入强制流状态，是通常意义上的阻塞。这一服务水平下，交通设施的交通需求超过其允许的通过量，车辆排队行驶，队列中出现走走停停现象，运行状态极不稳定，可能在不同交通流状态间发生突变。

需要说明的是可以将一级服务水平细化为两个级别，从而进一步区分为六级服务水平，在整体描述状态上无本质差别。

2.1.3　通行能力与服务水平影响因素

2.1.3.1　基本条件

本书提供的分析程序以一定组合标准条件为前提。当通常条件与标准条件不符时，必须对通常条件进行修正，然后参与通行能力计算。这样规定的标准条件称为"基本条件"。需要说明的是我国城市道路交通条件复杂多样，基本条件的界定是为了便于形成统一的分析体系。以信号交叉口车道宽度为例，现实交通运行中有 2.8m、2.9m、3.0m、3.1m、3.25m 等不同变化，通过设置一个基本条件作为分析起点，分析其他条件对通行能力的影响。

对于通行能力和服务水平分析而言，基本条件通常包括天气良好、路面状况良好、用路者熟悉交通设施以及道路中没有障碍等交通设施正常运行状态，对于各类设施具体的基本条件将在相应的章节中进行说明。下面以快速路基本路段和交叉口入口引道的基本条件为例对基本条件进行说明。

快速路基本路段交通设施的基本条件包括：①车道宽度为 3.75m；②自由流速度为 100km/h；③交通流中只有标准小客车，没有重型车；④双车道城市道路中没有禁止超车区；⑤没有交通控制或转弯车辆对直行车造成的阻碍影响；⑥车行道边线与最近的障碍物，或与路边、中央分隔带中物体之间的净宽大于 1.8m。

交叉口入口引道的基本条件包括：①车道宽度为 3.50m；②坡度为零；③交叉口入口引道上没有路边停车；④交通流中只有标准小客车；⑤附近没有（市内）公交车站及公交车辆出入；⑥交叉口位于非中心商务区；⑦没有行人横向穿越。

在大多数通行能力分析中，通常实际条件都不同于基本条件，计算通行能力、服务流率和服务水平时，必须进行修正。一般来说，通常所指的条件分为道路、交通和管制条件。

2.1.3.2 道路条件

道路条件包括几何线形和其他条件。主要包括：①车道数量；②交通设施类型及其街道化程度（开发环境）；③车道宽度；④路肩宽度和侧向净空；⑤设计速度；⑥平、纵线形；⑦交叉口处可用的专用转向车道。

有些情况下，这些因素会影响道路的通行能力；有些情况下，它们则影响交通的运行指标（如速度），而不影响该交通设施的通行能力或最大交通流率。

2.1.3.3 交通条件

通行能力和服务水平分析中，影响道路设施通行能力和服务水平的交通条件包括车辆类型和车道（或方向）分布。

（1）车辆类型

不同类型的车辆其物理性能和几何尺寸等方面具有差异，占用的道路时间、空间资源是不同的。不同类型车辆混入交通流中，会影响道路可以服务的标准车辆数。

在国道网交通量统计中，规定了 3 类 11 种车型。相比公路，城市道路交通流中车辆类型要少很多。在城市道路交通流中，客车较多，货车较少。本书将车辆类型主要划分为摩托车、小客车、中型车和大型车（表2-2、图2-2～图2-5）。

车型长度表

表 2-2

车型	摩托车	小型车	中型车	大型车
长度(m)	1.4~1.8	<6.0	6.0~9.0	>9.0
对应车型	摩托车	家用客车	单节公共汽车	铰接式公交车

图 2-2　摩托车

图 2-3　小型车

图 2-4　中型车

图 2-5　大型车

（2）方向分布和车道分布

当路段上两个方向的交通流均匀分布，即两个方向的流量相等时，道路时空资源得到充分利用，通行能力最大。方向分布很不平衡时，道路通行资源闲置，通行能力就会下降。有代表性的情况是城市早晚高峰期间的潮汐交通流现象，严重浪费道路通行资源（图2-6）。

图 2-6　方向分布不均

在单向多车道路段上，各车道交通量并不相同。在城市道路上由于外侧车道经常有车辆出入、公交车辆候车等待及非机动车行驶影响，车辆更倾向于选择内侧车道行驶。多车道道路车道交通量分布不均匀，道路资源得不到充分利用，导致通行能力下降。

除了车辆类型的分布外，方向分布和车道分布是影响通行能力、服务流率和服务水平的交通条件。尽管城市道路的通行能力分析关注的是单方向的交通流，然而，通常将交通设施的每一方向设计成为能够容纳在该交通流方向的高峰流率。一般情况下，早高峰出现在一个方向上，而晚高峰出现在相反的方向上。

此外，车道分布是道路设施通行能力的另一个重要影响因素。一般情况下，最外侧车道比其他车道承担的交通量小。

2.1.3.4　管制条件

对间断流设施而言，交通管制是影响其通行能力、服务流率和服务水平的关键因素。对有信号控制的交通设施，控制方式、信号相位数、各相位时间分配及序列、信号周期长度以及与邻近交叉口控制措施的相互关系都会对车辆运行产生影响。当交通信号分配给某个流向一定通行时间时，冲突方向的交通流往往要停车等候，导致延误。

对于应用停车标志或让路标志控制的交通设施（如无信号交叉口），其管制方式也影响设施通行能力的大小。双向停车控制交叉口的停车标志将优先通行权分配给主路，支路的驾驶员必须停车等待，然后在主路交通流中寻找间隙通过。因此，支路的通行能力大小取决于主路的交通流量多少；全向停车控制则强制驾驶员停车，然后依次通过交叉口。

其他类型的管制和规则也可以显著地影响通行能力、服务流率和服务水平。例如限制路边停车可以增加城市道路中的有效车道数；限制转向能消除或减少交叉口车流的冲突，提高通行能力；开辟专用车道、控制车道的使用功能，可给不同种类车流向分配道路通行空间；单行道则能够消除与对向车流之间的冲突。

2.2 交通流参数特性

2.2.1 交通量和流率

交通量和流率都是描述规定时间间隔内，通过一条车道或道路某一断面的车辆数的度量值。具体定义如下。

交通量（Q）：在已知时间间隔内，通过一条车道或道路某一点或某断面的车辆总数。可分为年交通量、日交通量、小时交通量或不足 1h 时段的交通量，如 15min 交通量、5min 交通量等。

流率（v）：在给定不足 1h 的时间间隔（通常为 15min）内，通过一条车道或道路的指定断面的当量小时流率。

交通量和流率是量化交通需求的变量，也就是在指定的时间段内，希望使用已知交通设施的交通需求的数量，通常以车辆数表示。由于交通阻塞能影响交通需求，有时观测到的交通量反映的是通行能力的限制，而不是实际的交通需求。

交通量和流率之间的区别很重要。交通量是在某一时间间隔内，观测或预计通过某一点的车辆数。交通流率则表示在不足 1h 的时间间隔内通过某一点的车辆数，但以当量小时流率表示。流率是在不足 1h 内观测到的车辆数，除以观测时间（单位为 h）。例如，在 15min 内观测到 100 辆车，流率为 100veh/0.25h 或 400veh/h。

表 2-3 用 4 个连续 15min 的观测交通量说明交通量和流率之间的区别。4 个时段的计数分别是 1000、1200、1100 和 1000 辆。整个小时的总交通量是这些计数之和，即 4300 辆。然而，每 15min 的流率则各不相同。在流量最大的 5：15—5：30 时段内，流率是 4800veh/h。应注意，实际上并没有 4800 辆车通过观测点，而是说如果按照 5：15—5：30 的交通情况持续 1h，通过该观测点的交通量应该是 4800 辆。可见，流率能更细致地反映交通量的波动情况，也更便于相互比较。

交通量与交通流率之间的区别		表 2-3
时间段	交通量	小时流率
5：00—5：15	1000veh/15min	4000veh/h
5：15—5：30	1200veh/15min	4800veh/h
5：30—5：45	1100veh/15min	4400veh/h
5：45—6：00	1000veh/15min	4000veh/h
小时交通量(5：00—6：00)	4300veh/h	最大小时流率4800veh/h

2.2.1.1 交通量的时间分布特性

城市道路的交通需求是随一年中的每个月、一星期中的每一天、一天中的每个小时以及在 1h 之内的各个时间间隔而不断变化。时间跨度越长，交通不均匀性亦越大。在这些时段内，即使通过相同的交通量，但由于交通量分布不均匀，使得在单位时间内的运行质量时高时低，而且时间单位越长，在单位时间内的运行质量变化幅度就会越大。

（1）一年内月交通量的变化

一年内各月交通量的变化称为月变化。年平均日交通量与月平均日交通量之比，称为交通量的月变化系数（或称月不均衡系数，月换算系数），以 K_{m} 表示，计算方法见式（2-1）。

$$K_{\mathrm{m}} = \frac{年平均日交通量}{月平均日交通量} = \frac{AADT}{MADT} = \frac{\frac{1}{365}\sum_{i=1}^{365}Q_i}{\frac{1}{k}\sum_{i=1}^{k}Q_i} \qquad (2\text{-}1)$$

式中　k——当月的天数，可以取 28、29、30、31 天；

　　　Q_i——观测日交通量，veh/d。

式（2-1）中有平年（365 天）和闰年（366 天）之分，为简便起见，年平均日交通量可用式（2-2）计算。

$$AADT = \frac{12 \text{个月的月平均日交通量总和}}{12} \qquad (2\text{-}2)$$

以月份为横坐标，月变化系数的倒数为纵坐标，绘出月交通量的变化图，以反映一年内该路段观测断面上交通量的月变化曲线。

一般来说，城市道路交通量月变化比较均匀，一年中第一季度中的第二个月的月变化系数最大，此时天气较寒冷，又逢我国春节，交通出行少，交通量低。

（2）一周内日交通量的变化

一周内各天的交通量的变化称为日变化，通常用周变化系数 K_{d}（也称日变化系数）表示，计算方法见式（2-3）。

$$K_{\mathrm{d}} = \frac{周平均日交通量}{观测日交通量} = \frac{\frac{1}{7}\sum_{i=1}^{7}Q_{\mathrm{w}i}}{Q_{\mathrm{w}i}} \qquad (2\text{-}3)$$

式中　Q_{wi}——周 i 的平均日交通量，即全年所有周 i 的交通量除以全年
　　　　　周 i 的总天数。

显示一周内 7 天中交通量日变化的曲线叫做交通量日变化图。通常用图或周变化系数 K_d 描述一周内日交通量的变化。

在城市道路上，交通量的日变化存在一定的规律。我国城市道路，一般各个工作日的交通量变化小，而在节、假日（或休息日）则变化显著，交通量一般都要小一些。

（3）一天内小时交通量的变化

若以一天为周期，各个小时的交通量分布也不均衡。虽然由于地点不同，交通量大小各异，导致每天的分布曲线不尽相同，但是分布曲线的变化趋势和高峰出现时间却大致相似。

城市道路交通量调查资料表明，高峰小时在上午 7：00—9：00 之间出现。高峰小时交通量为当日交通量的 9％～11％。一天中交通量主要集中分布在 12～16h 之内，所以，通常采用日交通量 12h 系数和 16h 系数表征日交通量的集中程度。

（4）高峰小时内的交通量变化

高峰小时内的交通量变化通常以高峰小时系数 PHF 来描述。作为高峰小时交通量不均匀性的度量指标，高峰小时系数就是高峰小时交通量与高峰小时流率之比，它反映了交通量在高峰小时时段内的时变特性，是通行能力中重要的参数之一。高峰小时系数 PHF 可以利用高峰流率和小时交通量计算，即整个小时的总流量与该小时内高峰流率之比，计算方法如式（2-4）所示。

$$PHF = \frac{高峰小时交通量}{高峰流率(该小时内)} \tag{2-4}$$

由于分析时段的不同，高峰小时系数又分为 5min 高峰小时系数 PHF_5 和 15min 高峰小时系数 PHF_{15}。

以 5min 计的高峰小时系数 PHF_5 可按式（2-5）计算。

$$PHF_5 = \frac{高峰小时交通量}{12 \times 高峰\,5min\,流量} \tag{2-5}$$

以 15min 计的高峰小时系数 PHF_{15} 可按式（2-6）计算：

$$PHF_{15} = \frac{高峰小时交通量}{4 \times 高峰\,15min\,流量} \tag{2-6}$$

若已知高峰小时系数，按照式（2-7）可将高峰小时交通量转换成高峰流率。

$$高峰小时流率 = \frac{高峰小时流量}{PHF} \tag{2-7}$$

2.2.1.2　交通量的空间分布特性

交通量随时间而变化，同时也随空间而变化。在通行能力分析中两种关键的空间特性是交通流在方向上的分布和在车道上的分布。

（1）交通量的方向分布

一条道路往返两个方向的交通量，在较长时间观测维度下理应是平衡的，但在某一短时间内，如一天中某几个小时，两个方向的交通流量大小会有较大差异。为了表示这种方向不均衡性，常采用方向分布系数 K_D 表示。

$$K_D = \frac{主要行车方向交通量}{双向交通量} \times 100\% \qquad (2\text{-}8)$$

城市出入口道路高峰小时中进、出城交通量有明显不同，早高峰时进城方向交通量占 $60\% \sim 70\%$，晚高峰则反过来。

（2）交通量在车道上的分布

当一个方向上的交通流有几条车道可以利用时，各车道的使用率会出现差异。交通流在车道上的分布取决于交通规则、交通组成、车速和交通量、进口的位置和数量、驾驶人出行的起讫点位置和驾驶人的习惯等。调查资料显示，较重车辆趋向于右侧车道，这是由于车辆运行速度较低，交通法规规定低速车辆靠外侧车道行驶。另外，尽管交通法规中通常将最左侧车道定为超车道，但在交通量较大的情况下，这种规定的作用已不明显，最左侧车道分担了较多的车流量。

2.2.1.3　交通组成

城市道路交通管理中往往对大车、货车进行出行限制，道路系统中客车占主导地位，道路的交通组成相对单一，主要包括私家车、出租车、公交车、巴士等客运车辆及部分小型货车。但城市道路上的交通组成并不是恒定的，而是随着时间的变化，交通组成也在不断地变化，也就是说每个统计间隔的交通组成存在一定差异。

2.2.2　速度

速度既是道路规划设计中的一项重要控制指标，又是车辆运营效率的一项主要评价指标，对于运输经济、安全、迅捷、舒适具有重要意义。了解和掌握城市道路上行车速度及其变化规律是正确进行城市道路通行能力分析的基础。速度是道路交通设施为汽车驾驶人提供交通服务质量优劣的一个重要量度标准。多数类型的交通设施都采用速度作为确定各级服务水平的重要评价指标。

速度定义为移动率，用单位时间通过的距离表示，通常为千米/小时（km/h）。因为交通流中观测到的个体速度分布范围较宽，所以必须采用有代表性的数值来表示交通流的速度特性。本书中用平均行程速度来度量车辆行驶快慢，因为通过观测交通流中单个车辆，易于计算平均行程速度；并且在统计上，它是与其他变量相关性较高的分析指标。平均行程速度是用所研究路段的长度除以车辆通过该路段的平均行程时间而得到的。当 n 辆车通过长度为 L 的路段时，测得行程时间为 t_1、t_2、t_3、……、

t_n，则平均行程速度可按式（2-9）计算。

$$V_{\mathrm{T}} = \frac{nL}{\sum\limits_{i=1}^{n} t_i} = \frac{L}{\dfrac{1}{n} \sum\limits_{i=1}^{n} t_i} = \frac{L}{t_{\mathrm{a}}} \tag{2-9}$$

式中　V_{T}——平均行程速度，km/h；

　　　L——路段长度，km；

　　　t_i——第 i 辆车通过该路段的行程时间，h；

　　　n——观测行程时间的次数；

　　　t_{a}——$t_{\mathrm{a}} = \dfrac{1}{n} \sum\limits_{i=1}^{n} t_i$，路段 L 的平均行程时间，h。

计算中的行程时间包括由于固定的交通间断或交通堵塞引起的停车延误，是指通过指定路段的总行程时间。

2.2.2.1　速度的衡量指标

有几种不同的速度参数可用于交通流，这些速度包括：

（1）平均行驶速度——是以观测车辆通过已知长度路段的行驶时间为基础度量交通流。平均行驶速度等于路段长度除以车辆经过该路段的平均行驶时间。行驶时间只包括车辆运动时间。

（2）平均行程速度——是以车辆通过已知长度路段的行程时间为基础度量交通流。平均行程速度等于路段的长度除以车辆经过该路段的平均行程时间，包括所有停车延误时间。

（3）区间平均速度——代表车辆基于通过某一路段平均行程时间的平均速度的统计术语。之所以称为区间平均速度，是因为计算所用的平均行程时间是按每辆车通过给定路段或区间所花费时间的加权平均。

（4）时间平均速度——通过道路上某一点观测车速的算术平均值，也叫作平均地点速度。记录下通过某一点各车的速度，取其算术平均值。

（5）自由流速度——给定交通设施在低交通量情况下的车辆平均速度，此刻驾驶人按照其期望速度行驶，且不受控制延误的影响。

本书用速度作为评价指标时，大部分采用平均行程速度。事实上，除四级服务水平外，其他各级服务水平下的连续流平均行程速度与平均行驶速度并无显著差别。

图 2-7 表明了时间平均速度和区间平均速度之间的典型关系。区间平均速度总是小于时间平均速度，但两者之间的差距随着速度绝对值的增加而减小。这个关系来源于实测数据的统计分析，很有实用价值。因为在现场，时间平均速度 V_{t} 通常比区间平均速度 V_{s} 更容易观测。

2.2.2.2　速度特性对通行能力的影响

道路设施的设计速度反映了道路几何条件对自由流速度的影响。因此，设计速度不同将直接导致城市道路上车辆实际行驶速度的差异。

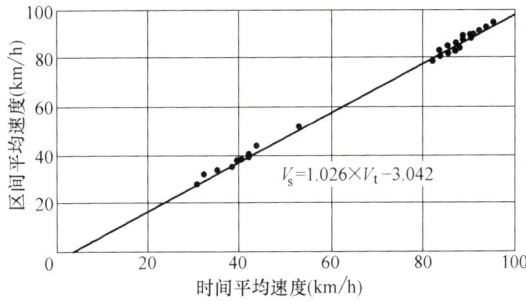

图 2-7　时间平均速度和区间平均速度之间的典型关系图

图 2-8 是不同自由流速度下的快速路上的速度与流量的关系，该曲线是连续流设施确定通行能力和服务水平的基础。

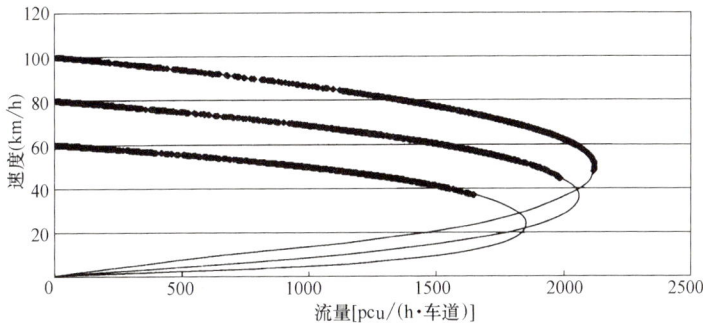

图 2-8　不同自由流速度下的速度与流量关系图

从图 2-8 中可以看出：城市道路设施由于受到道路条件、交通条件的影响，自由流速度逐渐降低不仅会导致设施基本通行能力的减少，而且会降低各种流量下的车流运行质量。换言之，在同样服务质量要求下，城市道路设施所能通行的交通量和行驶速度都会有不同程度的降低。

2.2.3　密度

密度是指在单位长度车道上，某一瞬间所存在的车辆数，一般用 veh/（km·ln）表示。在现场直接测定密度比较困难，需要找一处有利地点，能对相当长的一段路进行摄影、录像或观测。然而，密度可通过更容易测定的平均行程速度和流率来计算，如式（2-10）所示：

$$K=\frac{Q}{V_\mathrm{T}} \tag{2-10}$$

式中　Q——小时交通量，pcu/h；

　　　V_T——平均行程速度，km/h；

　　　K——密度，pcu/km。

例如，某城市道路路段的交通流率为 1000pcu/h，平均行程速度 50km/h，则其密度 K 为 20pcu/km。

密度能够描述交通运行质量的特征，因此它是连续流交通设施的关键参数。密度描述了交通流中车辆之间接近的程度，反映了交通流中驾驶的自由度。

由于道路占有率比较容易观测，因此在实际应用中常用它简单表征密度，车辆占有率越高，车流密度越大。道路占有率包括空间占有率和时间占有率，空间占用率是指车辆占用路段长度的比例，时间占用率是指车辆占用道路断面的时间比例。

2.2.4　车头间距与车头时距

车头间距是交通流中连续两辆车之间的距离，用两辆车相同部位（如前保险杠、后轴等）的间距来度量。车头时距是交通流中连续两辆车通过车道或道路某一点的时间差，也用两辆车的相同部位来度量。由于车头间距和车头时距是与交通流中每一辆车及其成对的车辆有关，所以认为这些特性是"微观的"。在任何交通流中，各个车头间距和车头时距的分布具有一定的规律性，且与"宏观"交通流量参数密度和流率密切相关。

车头间距是一个距离量度，以米（m）表示。可通过在一个点上直接测量相邻车辆的共同点之间的距离得到，也可利用复杂的航空摄影技术量测得到。而车头时距可利用秒表记录车辆通过道路上的一点的时间差来测量，较容易测量。

交通流中的平均车头间距直接与该交通流的密度有关，如式（2-11）所示：

$$K = \frac{1000}{h_s} \tag{2-11}$$

式中　K——密度，veh/(km·ln)；

　　　h_s——车头间距，m/veh。

在交通流中，平均车头间距和平均车头时距之间的关系是由速度来决定的，如式（2-12）所示：

$$h_t = \frac{h_s}{V} \tag{2-12}$$

式中　h_t——车头时距，s/veh；

　　　V——速度，m/s，在成对的车辆中，速度以第二辆车的速度为主。

流率与交通流的平均车头时距有关，如式（2-13）所示。

$$Q = \frac{3600}{h_t} \tag{2-13}$$

式中参数意义同上。

2.2.5　基本参数的关系

式（2-10）给出了交通流三参数之间的基本关系，描述了连续流设施交通流运行特性。尽管从数学角度来说，对于给定的流率，公式可以出现无穷组速度和密度的组合，但这种附加的关系限制了某地点交通流条件的变化。图 2-9 给出了这些关系的一般形式，这些关系是连续流交通设施通行能力分析的基础。由于流率—密度曲线和速度—密度曲线有相同的横坐标，因此，把流率—密度曲线直接放在速度—密度曲线的正下方；而把速度—密度曲线与速度—流率曲线并列摆放，因为它们有相同的纵坐标，这里的速度是区间平均速度。

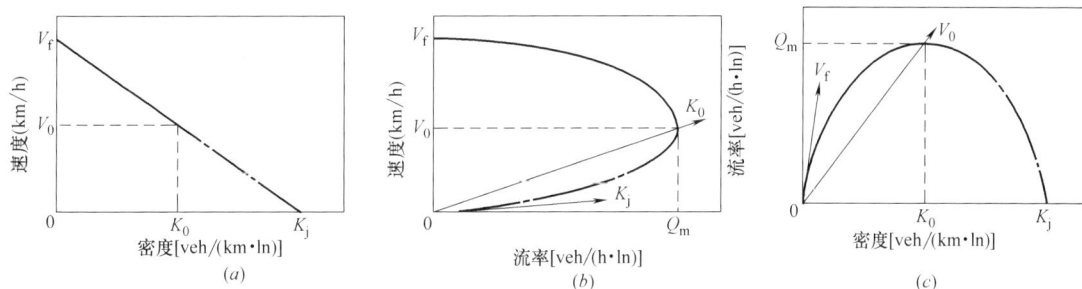

图 2-9　连续流设施上速度、流率和密度之间的一般关系

　　这些曲线的形式取决于所研究路段上通常的交通和道路条件，以及计算密度的路段长度。尽管图 2-9 给出的曲线是连续的，但在实际路段不可能测到整条曲线。通常实测数据不连续，实测数据表现不出曲线中后段（点划线部分）。

　　图 2-9 的曲线上有几个关键点：零流率点会在两种截然不同的情况下出现。第一种是交通设施中没有车辆，密度为零，流率也为零，此时的速度是理论上的最高值，是第一辆车的驾驶人选择的速度。这个速度在图中用 V_f 表示；第二种情况是密度高到使所有车辆停驶的程度，速度为零，流率也为零，因为车辆不能行驶，不能通过道路上任何一点。使所有车辆都停止不动的密度称为阻塞密度，图中用 K_j 表示。

　　在这两个极值点之间，交通流的动态特性才充分表现出来。当流率从零增加时，由于路上行驶的车辆增多，密度随之增大。此时，由于车辆之间的相互作用，速度开始下降。在较低的和中等的密度、流率时，速度的下降可以忽略不计。随着密度的增大，在达到通行能力之前，速度明显降低。当密度和速度的乘积达到最大流率时，流率达到通行能力。这种状态下，速度为最佳速度（通常称作临界速度），用 V_0 表示，密度为最佳密度（有时称为临界密度），用 K_0 表示，流量为最大流量，用 Q_m 表示。

　　根据式（2-10）可知，从速度—流率曲线原点到该曲线上任一点的射线的斜率的倒数表示密度。同样，在流率—密度曲线上的射线斜率表示速度。例如，图 2-9 显示的平均自由流速度和通行能力时的速度，以及最佳密度和阻塞密度等。这三条曲线是相互联系的，因为如果已知其中任何一条曲线的关系，其余两条曲线的关系就被唯一确定。在理论分析中，最常用的是速度—密度曲线。其他两条曲线在本书中用于确定服务水平。

如图 2-9 所示，除通行能力外，任何流率能在两种不同的条件下出现：一种是高速度和低密度，另一种是高密度和低速度。曲线的高密度、低速度区间是不稳定流范围，代表强制流或阻塞流，此状态下交通流可能发生突变（如在速度、密度和流率等方面）。曲线的低密度、高速度区间是稳定流范围，通行能力分析正是针对这个流量范围进行的。

2.3 交叉口交通流特性

间断交通流设施车辆运行过程比连续流设施复杂，主要原因在于多股冲突交通流的存在，需要在考虑时间尺度的基础上对通行空间进行分配。在间断流设施处，通常交通流受一些固定管理如交通信号、停车让行标志的控制。这些控制对整个交通流运行产生较大影响。

通常利用交通量和流率、饱和流率和离散车头时距、控制方式、冲突交通流中的可用间隙、延误等参数或参数组合，来确定间断流交通设施的交通运行状态。

2.3.1 信号控制

对于间断流交通设施，交通信号是最重要的固定中断源。在一些时段内，信号禁止指定车道组上的车流通行，周期性地中断每个流向或一组流向的交通流。因此，这些车流只可能使用全部时间中的一部分，只能利用信号有效绿灯时间。例如，信号交叉口的一组车道，在 90s 的总周期中有 30s 的有效绿灯时间，则这组车道中的流向只能利用总时间的 30/90 或 1/3。如果整个小时为绿灯信号时，这些车道能疏导的最大流率为 1500pcu/h，那么它们所能疏导的总流率仅为 500pcu/h，即每小时只有 1/3 的时间可以通行。

信号配时方案可以随着交通流量变化不断优化调整，信号交叉口的通行能力和服务流率通常用每小时通过当量交通量（pcu/h）来表示。在上例中，最大流率为 1500pcu/h，只要乘以信号的有效绿灯时间与周期长度的比值，就可以换算为实时的流率值。

当信号转为绿灯时，必须考虑排队车辆启动的动态变化。图 2-10 表示一队在信号交叉口的排队车辆。当信号转为绿灯时，车队开始运动。当车辆通过交叉口的停车线时，可以观测车辆间的车头时距。第一个车头时距为绿灯开始起至第一辆车的前轮通过交叉口的停车线时止所经过的时间，以秒（s）计。第二个车头时距为第 1 辆车前轮至第 2 辆车前轮通过停车线所经历的时间。随后的车头时距可以同样测量。

队列中第 1 辆车的驾驶人，必须注视信号转换为绿灯，并对这一转换做出反应，然后松开刹车、加速通过交叉口。由于这一过程中存在驾驶反

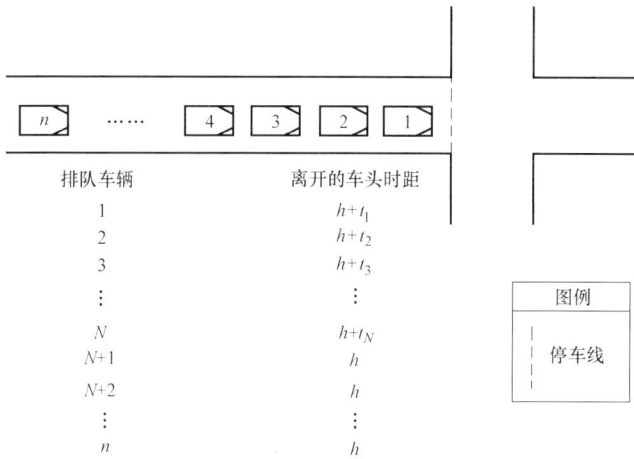

图 2-10　信号交叉口入口引道车道中交通间断情况

应、启动加速等行为，使第一个车头时距相对较长。队列中的第 2 辆车，除了在第 1 辆车开始启动的同时，产生反应和开始加速外，遵循与第 1 辆车一样的过程。但第 2 辆车增加了加速距离，第 2 辆车通过停车线时的速度比第 1 辆车快，车头时距一般比第 1 辆车短。第 3 和第 4 辆车遵循同样的过程，每辆车的车头时距较前一辆短些，如此类推。一般经过 5、6 辆车后，启动反应和加速的影响已经消失。后续车辆以稳定的速度通过停车线，直到原队列中的最后一辆车通过。这些车辆的车头时距相对而言是一个常数。

在图 2-11 中，N 辆车后达到稳定的平均车头时距，用 h 表示。前 N

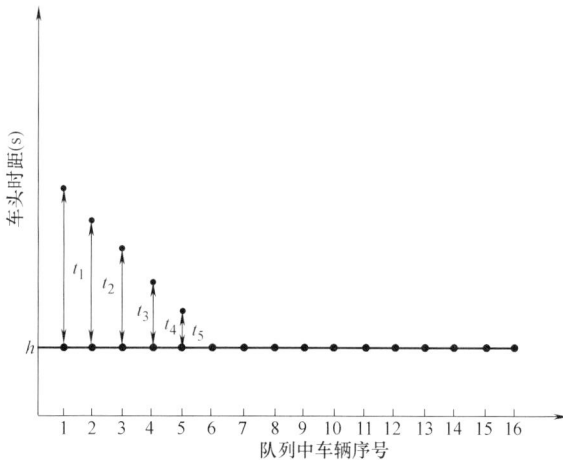

图 2-11　饱和流率和损失时间概念图

h—饱和车头时距，s；s—饱和流率，$s = \dfrac{3600}{h}$，辆/h 车道；

t_i—第 i 辆车启动损失时间，s；l_1—总启动损失时间，$l_1 = \sum\limits_{i=1}^{N} t_i$，s。

辆车的平均车头时距大于 h，用 $h+t_i$ 表示，其中 t_i 是第 i 辆车由于启动反应和加速产生的车头时距增量。i 从 1 到 N，t_i 则逐渐减小。

图 2-11 是车头时距的概念图。本书中，由于实际应用原因，以绿灯亮后第 6 辆车作为观测饱和流的起始点。

h 值定义为饱和车头时距，根据从车队中的第 6 辆车开始，直到绿灯开始时车队中最后一辆排队车通过信号交叉口之间的稳定平均车头时距来估计。饱和车头时距是指在绿灯期间，停驻排队的车辆连续列队行进、通过信号交叉口形成的车头时距。

2.3.2 停车或让路控制

驾驶人在无信号交叉口入口引道处，按停车或让路标志判断并选择主要道路车流中的间隙，通过它来完成期望的运行。因此，停车或让路标志管制的无信号交叉口入口引道通行能力取决于两个关键参数：

（1）主要道路交通流中可利用间隙的分布；

（2）次要道路上的驾驶人可穿插间隙的分布与随车时距。

主要道路交通流的可利用间隙分布取决于道路上的总交通量、方向性分布、主要道路上的车道数以及在交通流中出现车队的比例和类型。

间隙的可穿插性与随车时距取决于次要道路上的车辆必须完成的操作（左转、直驶或右转）的类别、主要道路的车道数、主要道路车辆的速度、视距、次要道路车辆已等待的时间长度以及驾驶人特征（视力、反应时间、年龄等）。

临界间隙是指主要道路车流中连续两辆车前保险杠之间，允许次要道路上的一辆车插入的最小时间间隔。当支路的多辆车使用主路的一个间隙时，支路上的两辆车之间的车头时距称为跟车时间。通常，跟车时间比临界间隙短。

在全向停车控制交叉口，所有驾驶人必须停车。继续行进的决定部分取决于道路交通规则，规则规定右侧的驾驶人拥有通行权；也受其他引道交通状况的影响。所研究引道中离去车头时距定义为一辆车与其后一辆车离开交叉口之间的时间间隔。如果后车在前车之后停在停车线处，则认为该离去车头时距是饱和车头时距。如果只有一个引道有交通流，车辆可以安全、加速、迅速通过交叉口。如果其他引道也有交通流，则所研究引道上的饱和流车头时距将加大，这取决于车辆间的冲突程度。

2.3.3 延误

延误是间断流设施性能的关键性度量。在本书中应用控制延误作为评价信号交叉口和无信号交叉口服务水平的主要度量。

控制延误是指在交叉口引道的低速行驶和停车而引起行程时间的增加值，包括行驶延误（减速延误、加速延误）和排队等待时间（红灯等待时间）等事项。比如车辆在引道中随队列行驶或在交叉口上游减速行驶增加延误值属于控制延误；当下游交叉口是红灯信号或引道中有车辆排队时，驾驶人频繁地降低车速甚至停车等待而引起的延误也属于控制延误。控制延误需要确定各个路段的实际平均速度。任何对城市道路平均行程速度的估计都考虑了控制延误的影响。

在双向或全向停车控制交叉口，控制延误是指从车辆加入排队起，到该车作为队首车离开停车位置时为止总的持续时间。控制延误也包括车辆减速至停车和加速至自由流速度所需的时间。

2.3.4　行驶速度

对于间断流交通设施，虽然在度量运行质量上延误指标比速度指标重要。然而与连续流交通设施一样，速度指标分析有助于确定由于车辆通过交叉口时的减速、排队和加速所增加的行程时间。

2.3.5　饱和流率和损失时间

饱和流率定义为车辆通过信号交叉口每车道的流率，计算公式如式（2-14）所示：

$$S=\frac{3600}{h} \tag{2-14}$$

式中　S——饱和流率，pcu/h；

　　　　h——饱和车头时距，s。

饱和流率是指当整个小时是有效绿灯信号，车流不间断运行且没有大型车影响下，每小时每车道通过交叉口的车辆数。

车流每次被迫停止，就必须再次启动，前 N 辆车要经历如图 2-11 所示的启动反应和加速的时间损失。图中队列中前 N 辆车的车头时距比饱和车头时距 h 大，增量 t_i 称为启动损失时间。这些车辆总启动损失时间是这些增量之和，按照式（2-15）计算：

$$l_1=\sum_{i=1}^{N} t_i \tag{2-15}$$

式中　l_1——总启动损失时间，s；

　　　　t_i——队列中第 i 辆车的启动损失时间，s；

　　　　N——排队车辆数，pcu。

车流每次停止，会导致额外的损失时间。当一列车流停止时，在允许冲突车流进入交叉口之前，为安全起见，要有一些清尾时间。在这段时间内，没有车辆使用交叉口，这一时间间隔称为清尾损失时间，用 l_2 表示。

实际上，信号周期通过转换间隔来提供清尾时间，包括黄灯时间、全红时间或黄灯加全红时间。驾驶人一般不注意整个间隔，而只在其部分时间内通过交叉口。清尾损失时间 l_2 是相位变换间隔中驾驶人没有使用的那部分时间。

　　饱和流率和损失时间之间的关系非常重要。对于任何给定车道或流向，车辆以饱和流率通过交叉口的时间，等于有效绿灯时间加上相位变换间隔，减去启动和清尾损失时间。由于一个流向每次启动和停驶都有损失时间，因此 1h 内的总损失时间与信号配时有关。例如，如果信号周期长60s，则每小时每一流向启动、停驶各 60 次，每一流向的总损失时间为 60 $(l_1 + l_2)$。

　　损失时间的大小影响信号交叉口的通行能力和延误。可能会出现交叉口通行能力随信号周期长度的增加而增加的情况。然而根据观测，存在一定程度的偏差。如果连续显示绿灯时间很长，饱和车头时距 h 会增加。其他的交叉口特性，例如转弯车道，也会抵消短信号周期降低通行能力的影响。较长的信号周期会增加排队车辆的数量，造成左转车道超过承载能力，阻塞直行车道，降低通行能力。也就是说信号周期长度并非越长越好。假如通行能力基本适应，随着信号周期的增加，每辆车的控制延误也趋向增加。而延误是一个复杂的变量，除信号周期长度外，它还受其他很多因素影响。

2.3.6　排队长度

　　有效绿灯内如果信号交叉口入口引道的交通需求超过通行能力，就形成排队。由于红灯期间有车辆到达，在给定的绿灯相位中有些车辆没能通过交叉口。当到达车辆在入口引道上等候时，也会形成排队。排队长度是指由于车辆到达数量和在上一相位中不能通过交叉口的车辆（如超过承载能力）在信号交叉口入口引道上排队的车辆数。目前排队理论针对交通流非饱和状态进行研究。

　　为了预测排队系统的数学特性，有必要定义下列系统特性和参数：

　　（1）到达方式特性：包括平均到达率和到达时间的统计分布；

　　（2）服务设施特性：包括平均服务时间及其分布，能够同时接受服务的顾客数或可用的服务通道数；

　　（3）排队规则特性：例如选择下一个顾客的方式。

　　在过饱和的排队系统中，到达率比服务率大；在非饱和的排队系统中，到达率比服务率小。尽管非饱和排队系统的排队长度各不相同，但随着车辆到达，排队长度将达到稳定状态。与之相反，过饱和排队系统的排队长度永远不会达到稳定状态，而是随着车辆到达，排队长度将会逐渐增加。

　　图 2-12 描述了信号交叉口中非饱和的排队情况。图中假设在两种信号相位下一个入口引道上形成的排队。每个周期中，到达的交通需求小于入口引道的通行能力；车辆等待不超过一个周期；没有多余的车辆从一个周期进入下一个周期。图 2-12（a）中确定的到达率 v 在研究期间为一常

数，用 pcu/h 表示。服务率 s 有两种状态：当信号是有效红灯时，服务率为零；当信号是有效绿灯时，服务率可高达饱和流率。值得注意的是：只有存在排队车辆时，服务率才等于饱和流率。

图 2-12（b）用图说明了随时间累积的车辆。图 2-12（a）中的水平线 v 对应着图 2-12（b）中的斜实线，其斜率等于流率。因此到达率曲线经过原点，向右上方倾斜，且斜率等于到达率。图 2-12（a）中的服务流率，在图 2-12（b）中变成不同的曲线。红灯期间，服务流率为零，因此，在下图中服务流量是一条水平线。在绿灯开始时，仍存在排队车辆，服务流率等于饱和流率。这样形成一系列三角形，其中到达流量累积线是每个三角形的顶边，累积服务曲线形成三角形的另外两条边。

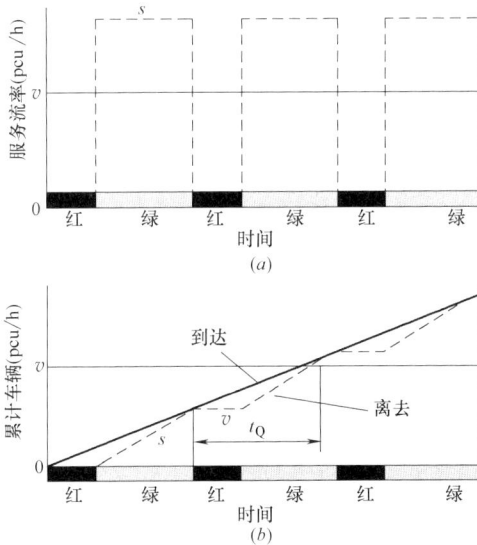

图 2-12　信号交叉口排队图

每个三角形代表一个周期长度，并且能用于分析计算排队时间。排队时间始于红灯初期，一直持续到排队消散，其值在有效红灯时间和周期长度之间变化，可用式（2-16）计算：

$$vt_Q = s(t_Q - r) \quad \text{或} \quad t_Q = \frac{sr}{(s-v)} \tag{2-16}$$

式中　t_Q——排队时间，s；

v——平均到达率，pcu/h；

s——平均服务率，pcu/h；

r——有效红灯时间，s。

三角形中垂线距离表示排队长度。红灯开始时，排队长度为零，在红灯结束时，达到最大值。然后排队长度逐渐减少，直到累积到达曲线与累积服务曲线相交，此时排队长度为零。利用图 2-12 所示的关系，可推导 3 个排队长度：最大排队长度、有排队时的平均排队长度和平均排队长度，分别如式（2-17）、式（2-18）和式（2-19）所示：

$$QUE_M = \frac{vr}{3600} \qquad\qquad (2\text{-}17)$$

$$QUE_Q = \frac{vr}{7200} \qquad\qquad (2\text{-}18)$$

$$QUE = \frac{QUE_M t_Q}{2C} \qquad\qquad (2\text{-}19)$$

式中　QUE_M——最大排队长度，pcu；

　　　QUE_Q——存在排队时的平均排队长度，pcu；

　　　QUE——平均排队长度，pcu；

　　　C——周期长度，s；

其他参数同式（2-16）。

通过改变到达率、服务率和配时方案可以建立描述排队特性的模型。在现实状况中，到达率和服务率经常变化，这些变化使模型变得复杂，但基本关系并未改变。在规划分析中，假定排队密度（排队车辆的平均密度），利用式（2-20）的关系估计排队长度。需要注意的是：必须当交通需求大于通行能力时，才能使用该关系式。

$$QUE_L = \frac{T(v-c)}{Nd_s} \qquad\qquad (2\text{-}20)$$

式中　QUE_L——排队长度，km；

　　　T——分析时段，h；

　　　v——交通需求，veh/h；

　　　c——通行能力，veh/h；

　　　N——车道数；

　　　d_s——排队密度，veh/(km·ln)。

第3章
快速路基本路段通行能力分析

3.1 本章引言

城市快速路系统可定义为在城市内修建的，中间分隔、全部控制出入、控制出入口间距及形式，具有单向双车道或以上的，并设有配套的交通安全与管理设施的城市道路系统。

一般地说，快速路系统是由 3 种不同类型的设施组成（图 3-1），具体如下：

（1）快速路基本路段：快速路系统中，不受匝道附加合流、分流及交织流影响的区域；

（2）快速路分、合流区：快速路系统中，进口匝道和出口匝道与快速路干线的连接处汇集了分流或合流的车辆，形成的紊流区域；

（3）快速路交织区：快速路系统中，沿一定长度的路段上，两条或多条车流穿过彼此的行车路线的快速路行车区间。交织路段一般由相距较近的合流区和分流区组成。

快速路基本路段处于任何匝道或交织区的影响区域之外。一般地说，匝道连接处或交织区的影响范围可认为：

（1）进口匝道影响区：从匝道连接处起，其上游 150m，下游 300m 的范围为进口匝道影响范围；

（2）出口匝道影响区：从匝道连接处起，其上游 300m，下游 150m 的范围为出口匝道影响范围；

（3）交织区影响区：合流点上游 150m 为交织区的起点，分流点向下游 150m 为交织区的终点。

上述准则是针对稳定车流而言的。在交通拥挤及堵塞情况下，合流、分流或交织区可能会形成车辆排队现象，排队长度的变化范围很大，合流、分流或交织区的影响范围将随交通流状况发生改变。

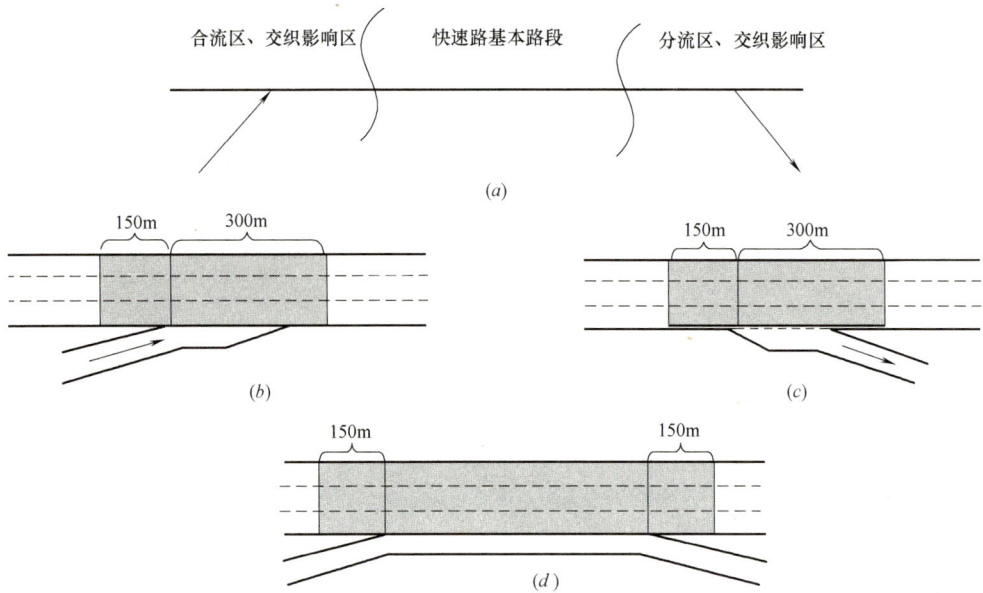

图 3-1　快速路系统各组成部分示意

（a）基本路段；（b）合流影响区；（c）分流影响区；（d）交织影响区

3.1.1　基本概念

快速路基本路段通行能力——在通常的道路和交通条件下，快速路基本路段某一断面或均匀路段所容许通过的最大持续交通流率，通常的统计间隔为 15min 或 5min，单位是辆/h/车道或小客车/h/车道。

道路特性——指快速路路段的几何线形特性，包括车道宽度、车道数、左侧路缘带宽度、右侧路肩宽度、计算行车速度、坡度、平曲线半径和车道功能划分等。

交通条件——指所有影响通行能力或运行情况的特性，包括交通组成、车道分布比例、交通管理以及驾驶员总体特性。

应当注意的是，通行能力分析的某一路段，其道路特性和交通条件应保持一致。如果道路、交通条件发生了显著变化，则路段的运行条件及其通行能力也会随之发生变化，应该对该路段划分为新的路段进行通行能力分析。另外，通行能力分析路段应该具有一致的计算行车速度，如果由于地形条件所限，计算速度发生了变化，则应该将不同计算行车速度的路段作为独立的路段进行通行能力分析。

3.1.2　基本条件

快速路基本路段是指不受合流、分流及交织流影响的路段，其位置如图 3-1（a）所示，其通行能力分析程序是在以下基本条件的基础上计算的：

（1）良好的路面条件；

（2）车道数与横断面没有突变；

（3）交通组成稳定、驾驶员具有中等以上熟练驾驶水平；

（4）没有发生交通事故；

（5）良好的天气条件。

在上述条件下，快速路基本路段的通行能力与自由流运行速度存在着一定的关系。为了便于实际应用，本书给出自由流速度分别等于100km/h、80km/h 和 60km/h 情况下，基准条件为车道宽度 3.75m、左侧净空 0.75m、右侧净空 2m、单向车道数量为 4 条的快速路基本路段的通行能力观测结果。使用本书时，如果以上条件不具备，分析人员应该在考虑上述假设条件的基础上，对计算结果进行分析、修正后再应用。

3.1.3　限制条件

本章介绍的方法不能应用或者未考虑以下方面的问题：

（1）专用车道，如公交专用道、爬坡车道等；

（2）桥梁和隧道路段；

（3）需求超过通行能力的路段；

（4）受下游阻塞或排队影响的路段；

（5）有限速标志、警方现场执法范围的路段。

3.2　分析方法

快速路基本路段通行能力分析的目的包括在规划设计阶段确定路段几何参数设计及现状运营阶段进行服务水平分析。

规划设计阶段分析方法是以基准自由流速度下的通行能力为基础，根据规划、设计条件，对基本自由流速度进行修正，得到规划条件自由流速度；而后依据设计服务水平及规划自由流速度确定最大服务交通量，并与预测交通量进行对比分析，验证路段几何设计条件合理性。

现状运营阶段分析方法仍是以基准自由流速度下的通行能力为基础，依据现状运营条件，对基本自由流速度进行修正，得到实际自由流速度；而后依据实际自由流速度及观测交通量，确定实际通行能力、负荷度、车流密度等参数，进而确定服务水平等级。

3.2.1　服务水平

本书以密度作为快速路基本路段服务水平的分级参数，并将快速路服务水平划分为五级：一级、二级、三级、四级和五级服务水平，分别对应自由流、稳定流上段、稳定流、饱和流以及处于拥挤状态的强制流。表 3-1 列出了自由流速度分别等于 100km/h、80km/h 和 60km/h 时的快速路基本路段服务水平分级及各级水平下对应的交通流参数。

基本条件下的服务水平分级情况　　　　　　　表 3-1

自由流速度	服务水平等级	密度 [pcu/(km·ln)]	平均速度 (km/h)	最大 v/c	最大服务交通量 [pcu/(h·ln)]
	一级(自由流)	≤10	≥88	0.40	880
	二级(稳定流上段)	≤20	≥76	0.69	1520
100km/h	三级(稳定流)	≤32	≥62	0.91	2000
	四级(饱和流)	≤42	≥53	接近 1.00	2200
	五级(强制流)	>42	<53	不稳定状态	—
	一级(自由流)	≤10	≥72	0.34	720
	二级(稳定流上段)	≤20	≥64	0.61	1280
80km/h	三级(稳定流)	≤32	≥55	0.83	1750
	四级(饱和流)	≥50	≥40	接近 1.00	2100
	五级(强制流)	<50	<40	不稳定状态	—
	一级(自由流)	≤10	≥55	0.30	590
	二级(稳定流上段)	≤20	≥50	0.55	990
60km/h	三级(稳定流)	≤32	≥44	0.77	1400
	四级(饱和流)	≤57	≥30	接近 1.00	1800
	五级(强制流)	>57	<30	不稳定状态	—

表 3-1 中的密度值分别是相应服务水平所能容许的最大密度。同样，表中列出的通行能力推荐值适用于我国快速路基本路段的一般情况，当交通量达到通行能力时，其密度和速度值会因地而异。

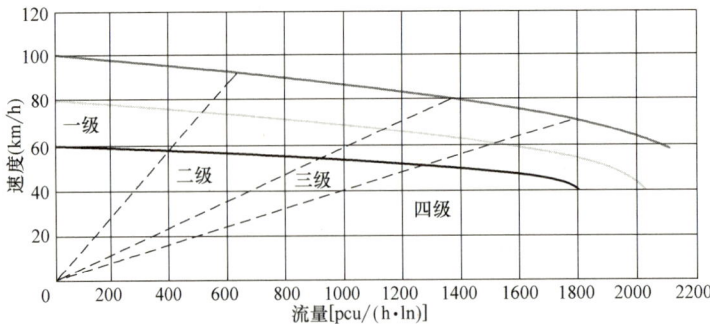

图 3-2　速度—流量曲线以及基本路段服务水平分级

图 3-2 给出了快速路基本路段自由流速度分别等于 100km/h、80km/h 和 60km/h 时的速度、流量和密度之间的关系，也可以根据图 3-2

中给出的密度范围确定各级的服务水平。

3.2.2　通行能力

快速路通行能力分为基本通行能力、设计通行能力和实际通行能力。

基本通行能力是在符合前述的基准条件下，四级服务水平下对应的最大服务流率；设计通行能力是指在给定的服务水平及规划设计条件下，一条车道的最大服务流率。本书中，快速路基本路段的设计服务水平推荐为三级服务水平；实际通行能力是现状运营条件下，一条车道的最大服务流率。在本书中，实际通行能力通过对基本通行能力修正而来。表 3-2 列出了快速路基本路段基本通行能力和设计通行能力（三级服务水平对应最大服务交通量）。

基准条件下的通行能力参数			表 3-2
设计速度（km/h）	100	80	60
基本通行能力（veh/h）	2200	2100	1800
设计通行能力（veh/h）	2000	1750	1400

3.2.3　确定自由流速度

自由流速度为在较低到中等流量条件下测得的路段小客车平均速度。可用两种方法确定自由流速度：现场观测和应用本章提供的计算方法。现场观测值不需对自由流速度进行修正，适用于现状运营阶段通行能力分析；应用本章提供的计算方法不需要现场测量，适用于规划设计阶段通行能力分析。

现场观测方法：进行速度观测时要选择能代表整个路段的地点，观测时间应选择在工作日的非高峰小时时段。在速度观测时应记录所有车道上的小客车的速度或利用系统选取的方法得到样本，一组样本应至少包括100 辆小客车的速度。现场观测的速度平均值可以直接用作快速路基本路段的自由流速度。这个速度反映了调查地点所有影响车速的条件的综合作用，包括本书中已经考虑的因素（车道宽度、侧向净空、立交间距、车道数）与平、纵、线形等。

本书提供的计算方法：如果不能现场直接观测自由流速度，可以根据快速路基本路段的几何特性间接计算自由流速度。这些特性包括：车道数、车道宽度、侧向净空等。按照式（3-1）计算实际道路条件下的自由流速度：

$$V_R = V_0 + \Delta V_W + \Delta V_N \tag{3-1}$$

式中　V_R——指定道路条件下的自由流速度，km/h；

　　　V_0——基准自由流速度，km/h；

　　　ΔV_W——车道宽度和路侧净空对基准自由流速度的修正值，km/h；

ΔV_N——车道数对基准自由流速度的修正值，km/h。

（1）基准自由流速度

基准自由流速度是在我国已建的快速路运行速度调查基础上得到的。根据调查结果，确定基准自由流速度分别为 100km/h、80km/h 和 60km/h。对于现有或待建的快速路基本路段自由流速度的计算是根据基准自由流速度的修正得到的。本书只对车道数、车道宽度、侧向净空三个因素的影响进行修正。分析时，需要选择合适的基准自由流速度。

（2）车道宽度和侧向净空对基准自由流速度的修正值

车道宽度的基准条件是 3.50m，当车道宽度小于该值时，自由流速度就会低于基准自由流速度；侧向净空包括左侧路缘带和右侧路肩，左侧路缘带的基准条件为 0.75m，右侧路肩宽度基准条件为 2.0m。当不满足上述条件时，需要对基准自由流速度进行修正得到自由流速度。

表 3-3 分别列出了车道宽度、左侧路缘带和右侧路肩宽度不满足基准条件时，基准自由流速度的修正值。当以上 3 个条件中有 2 个或 3 个同时不足时，其综合的修正值为独立影响情况下修正值之和。如车道宽为 3.0m，左侧路缘带为 0.25m 时，其基准自由流速度修正值为（-7）+（-3）=-10km/h；又如，车道宽为 3.5m，左侧路缘带 0.25m，右侧路肩为 1.0m 时，其基准自由流速度的修正值为（0）+（-3）+（-3）=-6km/h。

车道宽度和侧向净空对基准自由流速度的修正值 ΔV_W　　表 3-3

道路条件	宽度（m）	基准自由流速度修正值，ΔV_W（km/h）
车道宽度	3.00	-7.0
	3.50	0.0
	3.75	0.0
左侧路缘带	0.25	-3.0
	0.5	-1.0
	0.75	0.0
右侧路肩	1.0	-3.0
	1.5	-1.0
	2.0	0.0
	2.5	0.0

（3）车道数对基准自由流速度的修正值

当快速路基本路段单向有 4 条或 4 条以上车道时，可认为在车道数方面满足基准条件。当车道数少于 4 条时，则会影响基准自由流速度。表 3-4 给出了车道数对基准自由流速度的修正值。需要注意的是，确定车道数时，只计算主线车道（包括基本车道和辅助车道）。

车道数对基准自由流速度的修正值 ΔV_N　　　　表 3-4

车道数（单向）	基本自由流速度修正值/ΔV_N（km/h）
≥4	0
3	−3.0
2	−5.0

3.2.4　计算通行能力

应用修正后的自由流速度或观测自由流速度，按照表 3-2 给出的数据，通过内插法计算实际通行能力值 C_R。

3.2.5　确定流率

交通组成、驾驶员总体特性和 1 小时内交通流总体变化对最大交通量影响较大，通行能力分析中常用当量小客车流率表示最大服务流率。式（3-2）给出了计算实际交通组成、驾驶员总体特征条件下的最大服务流率计算公式：

$$MSF = Q/(PHF_{15} \times f_{HV} \times f_P \times N) \tag{3-2}$$

式中　MSF——实际道路、交通条件下每车道的最大服务流率，pcu/(h·ln)；

　　　　Q——单方向高峰小时交通量，pcu/h；

　PHF_{15}——15min 高峰小时系数；

　　　f_{HV}——交通组成影响对流率的修正系数；

　　　　f_P——驾驶员总体特性影响对流率的修正系数；

　　　　N——快速路单向车道数。

（1）高峰小时系数

高峰小时系数（PHF）表征 1 小时内交通流的变化。在快速路上，典型的 15min 高峰小时系数的范围为 0.85 到 0.95。条件允许情况下，应使用现场实测数据求得代表当地情况的高峰小时系数。

（2）交通组成修正系数

快速路交通组成不仅包括小型车、中型车还包括大型车等。可应用交通组成修正系数 f_{HV} 把多种车辆类型组成交通量换算为当量交通量（流率）。交通组成修正系数计算公式见式（3-3）：

$$f_{HV} = \frac{1}{1 + \sum p_i(E_i - 1)} \tag{3-3}$$

式中　f_{HV}——交通组成修正系数；

　　　　p_i——车型 i 的交通量占总交通量的百分比；

　　　　E_i——车型 i 的车辆折算系数；快速路中车型 i 包括小型车、中型车、大型客车。各车型的折算系数见表 3-5 所列。

	快速路基本路段车辆折算系数		表 3-5
车辆类型	小型车	中型车	大型车
折算系数	1.0	1.5	2.0

（3）驾驶员总体特性对流率的修正系数

驾驶员总体特征的影响是通过修正系数 f_P 来反映的，取值范围在 $0.85 \sim 1.00$ 之间。驾驶员总体特征影响修正系数的使用应该非常谨慎，可以通过调查工作日和休息日的交通流率和速度变化情况来确定该修正系数取值；或通过专家对道路、交通状况的综合分析，提出合理的修正系数。

3.2.6　确定服务水平

根据计算或现场测定的自由流速度，按照曲线（图 3-2）绘制出形似的速度—流量曲线。根据交通流率 MSF 和已绘制的速度—流量曲线，可以得到平均车速 V，用式（3-4）计算交通流密度。

$$K = \frac{MSF}{V} \qquad (3-4)$$

式中　K——密度，pcu/(km·ln)；

　　MSF——交通流率，pcu/(h·ln)；

　　V——平均车速，km/h。

根据计算出的密度，对照表 3-1 给出的密度范围，确定快速路基本路段的服务水平。

3.3　应用流程

3.3.1　规划设计阶段分析

规划设计阶段通行能力分析目标为根据预测交通量和几何线形设计标准，以及目标年期望达到的服务水平作为已知条件，计算出规划和设计阶段快速路基本路段所需的车道数。

（1）数据要求

整体上来说设计阶段通行能力分析较规划阶段更为详细，通常设计阶段通行能力分析所需的数据有：

1）在考虑分析路段地形条件的基础上，假设车道宽度、侧向净空和自由流速度等设计的几何线形数据；

2）预测设计年限的年平均日交通量（AADT）；

3）预测交通组成；

4）假设交通流特性，如交通流组成，15min 高峰小时系数以及驾驶员总体特征。

规划分析的数据要求相对较宏观、概略，通常需要如下数据：

1）预测设计年限的年平均日交通量（AADT）；

2）预测交通组成。

（2）划分分析路段

在分析通行能力之前，应把快速路划分成具有统一特性的路段，即各路段的上述各项数据是常数；如果某一项数据发生变化，则需要划分为另外一段进行分析。考虑到分、合流区的交通量会发生变化，通常把它们作为通行能力分析的分段点。

（3）分析步骤

设计阶段通行能力分析步骤如图 3-3 所示。

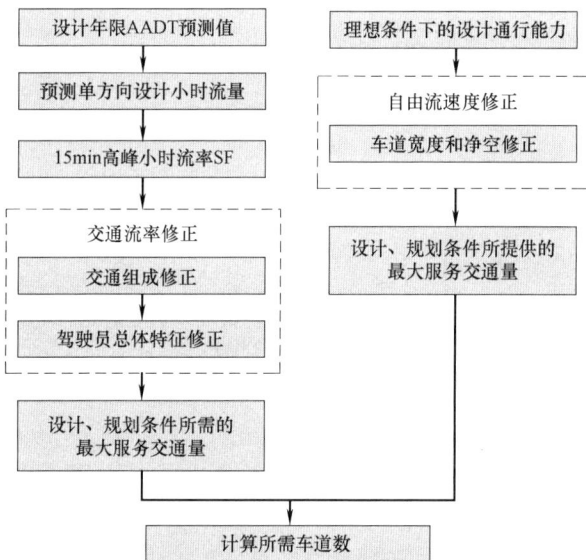

图 3-3　快速路基本路段设计分析步骤

由于设计分析要求更细致，因此以下按设计分析步骤进行说明，而对规划分析中不一样的地方进行相应的补充说明。

（1）明确已知条件：设计年限的年平均日交通量（AADT）、规划路段地形条件，假设车道宽度、侧向净空、自由流速度、纵坡坡度以及交通组成、15min 高峰小时系数以及驾驶员总体特征等。

（2）计算规划、设计条件下的最大服务流率：

1）将设计年限的年平均日交通量按照式（3-5）换算成为单方向设计小时交通量：

$$DDHV = AADT \times K \times K_D \qquad (3-5)$$

式中　$DDHV$——预测的单方向设计小时交通量，pcu/h；

　　　$AADT$——年平均日交通量，pcu/h；

　　　K——设计小时交通量系数，根据各城市同类型道路交通的实际情况具体取值；不能取得时可取 11%；

K_D——方向不均匀系数，通常取 0.5，即按两个方向交通量无明显差异进行处理。

2）将预测的单方向设计小时交通量（DDHV）通过 15min 高峰小时系数（PHF_{15}）按式（3-6）折算成 15min 高峰小时流率（SF）：

$$SF = DDHV/PHF_{15} \tag{3-6}$$

式中　$DDHV$——预测的单方向设计小时交通量，pcu/h；

其他参数同式（3-2），PHF_{15} 的取值视各城市不同情况而定。

3）根据式（3-7）计算设计道路和假设交通条件对应的最大服务流率（MSF）：

$$MSF = \frac{SF}{f_{HV} \times f_P} \tag{3-7}$$

式中　MSF——设计道路条件和假定的交通条件所需要的最大服务流率，pcu/h；

其他参数同式（3-2）。

4）根据计算得到最大服务流率和设计条件下单车道通行能力 C_d，按照式（3-8）计算设计路段所需车道数：

$$N = MSF/C_d \tag{3-8}$$

其他参数同式（3-7）。

5）车道数检查。如果计算出的车道数不是整数，最简单的处理办法是向上取整；也可以综合考虑经济因素和其他方面的问题，重新选择设计通行能力，再次计算后再取整。但无论如何取整，都可以通过运行状况分析方法审查其运行情况，以便做出最后的决策。

3.3.2　现状运营阶段分析

现状运营阶段分析主要是针对现有的或拟建的快速路。在已知详细的道路几何线形及交通条件的基础上，通过运行状况分析，估计现有的或拟建的快速路中交通流的服务水平、速度和密度。运行状况分析可以用来评价快速路运营状况，或采取某些改造措施后产生的效果，也可以用来评价快速路的设计方案。

（1）数据要求

进行快速路基本路段运行状况分析所需资料如下：

1）高峰小时交通量，或者其他规定时间内的小时交通量；

2）交通特性，包括交通组成，15min 高峰小时系数以及驾驶员总体特征；

3）道路特性，包括车道数、车道宽度、侧向净空和自由流速度。

（2）划分分析路段

同规划设计阶段通行能力分析。

（3）运行状况分析步骤

现状运营阶段通行能力分析步骤和流程如图 3-4 所示。

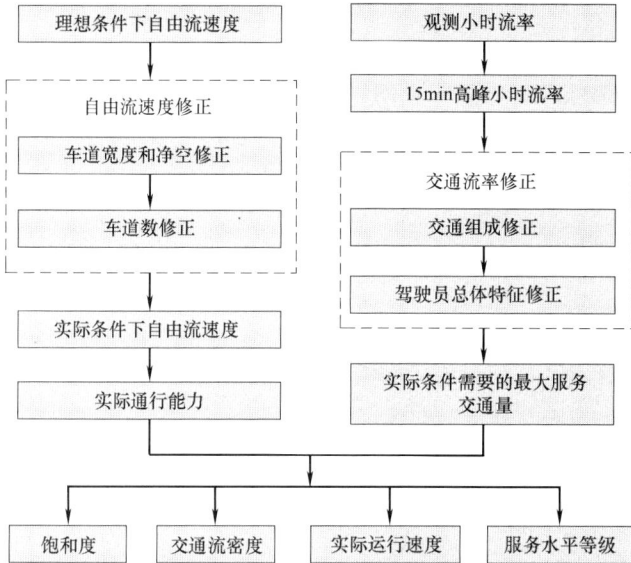

图 3-4　快速路基本路段运行状况分析步骤

运行状况分析步骤说明如下：

1）明确已知条件：包括车道宽度、车道数、侧向净空、自由流速度、纵坡坡度值、观测交通量、交通组成、15min 高峰小时系数以及驾驶员总体特征等。

2）计算实际通行能力 C_R：

① 根据基准条件下的自由流速度，按照式（3-1），查表 3-3 和表 3-4，计算实际条件下的自由流速度 V_R。

② 根据计算得到的自由流速度，查表 3-2，按照内插法计算实际条件下的通行能力 C_R。

3）计算实际条件下每车道的最大服务流率：

按式（3-9）将观测的单方向高峰小时交通量 Q 换算成为每车道最大服务流率（MSF）：

$$MSF = Q/(f_{HV} \times f_P \times N) \tag{3-9}$$

式中　MSF——实际道路、交通条件下每车道的最大服务流率，pcu/(h·ln)；

其他参数同式（3-2）。

4）运行状况分析：

① 计算饱和度：根据计算得到的单车道服务流率 MSF 和实际条件下的通行能力 C_R，按照式（3-10）计算饱和度 X。

$$X = V_R/C_R = MSF/C_R \tag{3-10}$$

式中　V_R——实际自由流速度 C_R 对应的通行能力值，pcu/(h·ln)。

② 计算交通流密度。根据分析路段的自由流速度 V_R，查阅图 3-2 中相应的速度—流量关系图，得到 V_R 对应的速度—流量曲线；然后根据计算得到的单车道流率 SF，确定分析路段的交通流密度 K 或按式（3-4）计算分析路段的交通流密度 K。

③ 确定服务水平等级。根据计算得到的单车道实际交通流密度 K 和分析路段的自由流速度 V_R，对应表 3-1 中相应自由流速度下各服务水平，确定分析路段的服务水平等级。

3.4　实践算例

3.4.1　算例 3-1——基本路段的运行状况分析

已知：某条快速路段的实地勘察资料如下：

（1）单方向观测到的高峰小时交通量为 1024pcu/h，15min 高峰小时系数 PHF_{15} 为 0.902；

（2）交通组成：小型车比例 60%，中型车比例 35%，大型车比例 5%；驾驶员多为职业驾驶员，比较熟悉分析路段；

（3）道路条件：平原微丘地区的双向四车道快速路，行车道宽度为 2×3.50m，柔性路面，内侧路缘带宽度 0.75m，外侧路肩宽度 2.7m，计算行车速度（自由流速度）为 100km/h，纵坡坡度为 0。

问题：根据以上条件确定该路段的饱和度、服务水平等级、平均行程速度和交通流密度。

分析：

（1）计算实际通行能力：

1）由行车道宽度为 2×3.50m，内侧路缘带宽度 0.75m，外侧路肩宽度 2.7m，查表 3-3，得 $\Delta V_W = 0.0$km/h；已知单方向的车道数为 2，查表 3-4，得 $\Delta V_N = -5.0$km/h，则实际条件下的自由流速度：$V_R = V_0 + \Delta V_W + \Delta V_N = 100 + 0 - 5 = 95$km/h。

2）根据实际条件下的自由流速度 $V_R = 95$km/h，根据表 3-2，应用插值计算实际通行能力：

$$C_R = 2100 + \frac{2200 - 2100}{100 - 80} \times (95 - 80) = 2175 \text{pcu/(h·ln)}$$

（2）计算实际条件下每车道需要的最大服务流率：

1）将实际的高峰小时交通量 1024pcu/h 通过 15min 高峰小时系数 PHF_{15} 应用式（3-6）换算成为 15min 高峰小时交通量（SF）。则：

$$SF = 高峰小时交通量/PHF_{15} = 1024/0.928 \approx 1136 \text{pcu/h}$$

2）根据式（3-2）计算实际道路、交通条件下的最大服务流量（MSF）。

由于纵坡坡度为 0，且高峰小时交通量为 568pcu/(h·ln)，小于 1000pcu/(h·ln)，查表 3-5，取中型车的车辆折算系数为 1.5，大型车的车辆折算系数为 2.0；由于驾驶员多为职业驾驶员，且熟悉分析路段，则 f_P 取 1.00。

由交通组成中，中型车比例 35%，大型车比例 5%，则：

$$f_{HV}=\frac{1}{1+\sum p_i(E_i-1)}=\frac{1}{1+[0.35\times(1.5-1)+0.05\times(2.0-1)]}=0.816$$

而且，

$$MSF=SF/(f_{HV}\times f_P\times N)=1136/(0.816\times1.00\times2)\approx696\text{pcu/(h·ln)}$$

（3）运行状况分析：

1）由于单车道实际最大流率 MSF_d 为 696 pcu/(h·ln)，实际条件下的通行能力 C_R 为 2175 pcu/(h·ln)，则饱和度：

$$v/c=MSF_d/C_R=696/2175=0.32$$

2）由于单车道实际最大交通量 MSF 为 696pcu/(h·ln)，分析路段的计算行车速度 V_R 为 95km/h，查阅图 3-5 中相应的流量—速度曲线，确定分析路段实际平均车速为 88km/h，相应的交通流密度 K 为 7.9pcu/(km·ln)。

3）由于单车道交通流密度 K 为 7.9pcu/(km·ln)，分析路段的计算行车速度 V_R 为 95km/h，查表 3-1，一级服务水平的上限为 10pcu/(km·ln)，所以，分析路段的服务水平处于一级，交通流呈自由流状态。

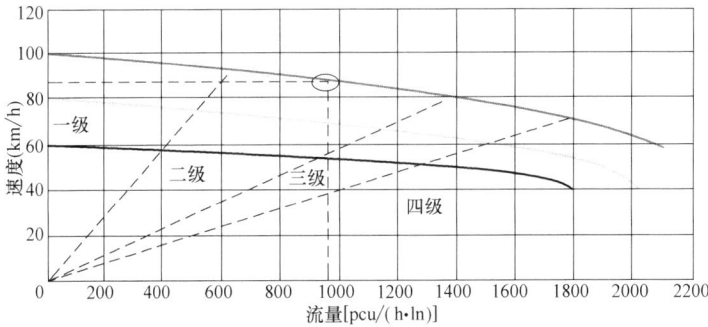

图 3-5　算例 3-1 流量—速度曲线图

快速路基本路段分析表　　　　表 3-6

快速路基本路段分析表	
一般信息	
分析员： 作业日期： 作业时段：	分析路段名称： 分析路段等级： 行驶方向：
☑ 运行状况分析(LOS)　　□ 设计分析(N)　　□ 规划分析(N)	

续表

交通量输入	
流量,$Q=$ __1024__ pcu/h 年平均日交通量,$AADT=$ _____ veh/d 高峰小时系数,$K=$ _____ 高峰小时方向系数,$D=$ _____ $DDHV=AADT \times K \times D=$ _____ 驾驶员类型　☑职业　□业余	高峰小时系数,$PHF_{15}=$ __0.928__ 小型车比例 __60__ % 中型车比例 __35__ % 大型车比例 __5__ % 地形　☑平原　□丘陵　□山区 纵坡 __0__ %　坡长 _____ km

计算交通流修正系数	
$f_P=1.0,E_{中型车}=1.5,E_{大型车}=2.0$	$f_{HV}=\dfrac{1}{1+\sum p_i(E_i-1)}=0.816$

速度输入	
行车道宽度 2×3.50m 内侧路缘带宽度 0.75m 外侧路肩宽度 2.7m 单向车道数 $N=2$	$V_0=100$km/h $\Delta V_W=0.0$km/h,$\Delta V_N=-5.0$km/h $V_R=V_0+\Delta V_W+\Delta V_N=95$km/h

LOS 和性能指标	
$C_R=2175$pcu/h/ln $MSF=Q$ 或 $DDHV/(PHF_{15}\times f_{HV}\times f_P\times N)=696$pcu/(h·ln) $X=V/C=MSF/C_R=0.32$ LOS:一级　　$K=7.9$pcu/(km·ln)	$MSF=Q$ 或 $DDHV/(PHF_{15}\times f_{HV}\times f_P\times N)$ $=$ ____ pcu/(h·ln) $C_d=$ ____ pcu/(h·ln) $N=MSF/C_d$ ，取整为 ____ $V_R=$ _____ km/h $X=V/C=MSF/C_R=$ _____ LOS: ____,$K=$ _____ pcu/(km·ln)

3.4.2　算例3-2——基本路段的设计分析

已知：现需要设计一条城市间的快速路，基本资料如下所示：

1）预测设计目标年的年平均日交通量（$AADT$）为 67000veh/d，假设 15min 高峰小时系数（PHF_{15}）为 0.928，设计小时交通量系数 K 为 13.5%；

2）该地区交通流组成通常为小型车 71%，中型车 24%，大型车 5%,；驾驶员多为熟悉地形的职业驾驶员。

问题：按照通常的设计服务水平，应该将该路设计成为几车道的快速路？

分析：

（1）计算规划、设计条件所需的最大服务流率：

1）将设计年限的年平均日交通量（$AADT$）按照式（3-5）换算成为单方向设计小时交通量（$DDHV$），取设计小时交通量系数 K 为 13.5%；

假设两个方向交通量无明显差异，取方向不均匀系数 D 为 0.5；则：

$$DDHV = AADT \times K \times D = 67000 \times 0.135 \times 0.5 = 4522 \text{pcu/h}$$

2）将预测的单方向设计小时交通量（$DDHV$）通过 15min 高峰小时系数（PHF_{15}）应用式（3-6）换算成为 15min 高峰小时流率（SF）。则：

$$SF = DDHV/PHF_{15} = 4522/0.928 \approx 4873 \text{pcu/h}$$

3）假设纵坡坡度为 0，由于设计小时流率为 4873pcu/h，单车道交通量大于 1500pcu/h，查表 3-5，取中型车的车辆折算系数为 1.5，大型车的车辆折算系数为 2.0；由于驾驶员多为职业驾驶员，且熟悉分析路段，则 f_P 取 1.00；则，

由交通组成为中型车 24%，大型车 5%，则：

$$f_{HV} = \frac{1}{1 + \sum p_i (E_i - 1)} = \frac{1}{1 + [0.24 \times (1.5 - 1) + 0.05 \times (2.0 - 1)]} = 0.85$$

根据式（3-7）计算设计道路和在假设交通条件所需的最大服务流率（MSF）：

$$MSF = \frac{SF}{f_{HV} \times f_P} = \frac{4873}{0.85 \times 1.0} = 5733 \text{pcu/h}$$

（2）计算规划、设计条件所需要的车道数：

1）假设平原微丘快速路的自由流速度为 100km/h，双向 6 车道，车道宽度和侧向净空也按照基本条件设计，由式（3-1），查表 3-3 和表 3-4，计算实际条件下的自由流速度 $V_R = V_0 + \Delta V_W + \Delta V_N = 100 + 0 - 3 = 97$km/h。

2）根据实际条件下的自由流速度 97km/h，查表 3-2，应用插值法确定设计通行能力 $C_d = 1963$pcu/(h·ln)。

3）根据计算得到设计路段所需的最大服务流率（MSF）和设计条件下单车道所能提供的最大服务流率（MSF），按照式（3-8）计算设计路段所需车道数。

$$N = MSF/C_d = 5733/1963 = 2.92$$

4）由于车道数不能是小数，通过向上取整方法，所需的最少设计车道数为单向 3 车道，即双向 6 车道。

采用双向 6 车道的设计，利用以上假设的道路、交通条件，进行运行状况分析可以得到，未来快速路的最大服务流率为：

$$MSF = SF/(f_{HV} \times f_P \times N) = 4873/(0.85 \times 1.00 \times 3) \approx 1911 \text{pcu/(h·ln)}$$

应用式（3-10）可计算饱和度为 0.87，运行速度约为 83km/h，交通流密度为 23pcu/(km·ln)，其速度—流量曲线参见图 3-6，可以保证快速路服务水平处于三级服务水平。

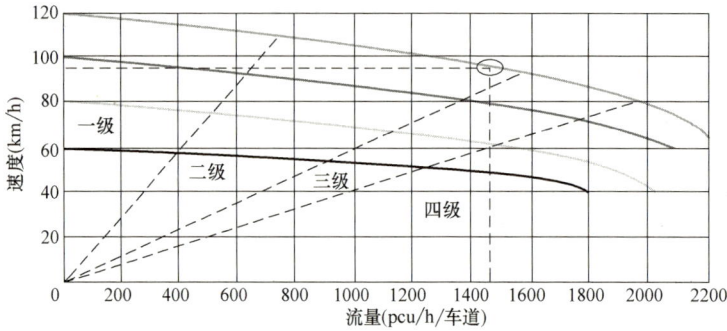

图 3-6 算例 3-2 速度—流量曲线图

快速路基本路段分析表   表 3-7

快速路基本路段分析表	
一般信息	
分析员： 作业日期： 作业时段：	分析路段名称： 分析路段等级： 行驶方向：
☐ 运行状况分析(LOS) ☑ 设计分析(N) ☐ 规划分析(N)	
交通量输入	
流量，$Q=$____pcu/h 年平均日交通量，$AADT=\underline{67000}$ veh/d 高峰小时系数，$K=\underline{13.5}$ % 高峰小时方向系数，$D=\underline{0.5}$ $DDHV=AADT\times K\times D=\underline{4522}$ pcu/h 驾驶员类型 ☑职业 ☐业余	$PHF_{15}=\underline{0.928}$ 小型车比例＝___71___ % 中型车比例＝___24___ % 大型车比例＝___5___ % 地形 ☑平原 ☐丘陵 ☐山区 纵坡___0___ % 坡长_____km
计算交通流修正系数	
$f_P=1.0$，$E_{中型车}=1.5$，$E_{大型车}=2.0$	$f_{HV}=\dfrac{1}{1+\sum p_i(E_i-1)}=\underline{\quad 0.85\quad}$
速度输入	
行车道宽度 3×3.50m 左侧路缘带宽度 0.75m 右侧路肩宽度 2.0m 单向车道数 $N=\underline{3}$	$V_0=\underline{100}$km/h $\Delta V_W=\underline{0.0}$km/h，$\Delta V_N=\underline{-3.0}$km/h $V_R=V_0+\Delta V_W+\Delta V_N=\underline{97}$km/h
LOS 和性能指标	
$C_R=$____pcu/(h·ln) $MSF=Q$ 或 $DDHV/(PHF_{15}\times f_{HV}\times f_P\times N)=$____pcu/(h·ln) $X=V/C=MSF/C_R=$_____ LOS:____，$K=$____pcu/(km·ln)	$MSF=Q$ 或 $DDHV/(PHF_{15}\times f_{HV}\times f_P\times N)$ $=5733$pcu/(h·ln) $C_d=\underline{1963}$pcu/(h·ln) $N=MSF/C_d=2.92$,取整为___3___ $V_R=\underline{83.0}$km/h $X=V/C=MSF/C_R=\underline{0.87}$ LOS:__三级__，$K=\underline{23.0}$ pcu/(km·ln)

3.4.3　算例3-3——基本路段的规划分析

已知：在某地区规划修建一条快速路，其相关资料如下：

（1）预测设计年限的年平均日交通量为20000veh/d，15min高峰小时系数 PHF_{15} 为0.935；

（2）该地区通常的交通组成中，中型车占25%，大型车占5%，其余为小型车；

（3）规划路段的地形为平原微丘，取设计小时交通量系数 K 为12%，取方向不均匀系数 D 为0.5。

问题：按照通常的设计服务水平，应该将该路规划成为几车道的快速路？

分析：

（1）计算规划、设计条件所需的最大服务流率：

1）将设计年限的年平均日交通量（$AADT$）换算成为单方向设计小时交通量（$DDHV$）。由已知条件设计小时交通量系数 K 为12%，方向不均匀系数 D 为0.5。由式（3-5）可知：

$$DDHV = AADT \times K \times D = 20000 \times 0.12 \times 0.5 = 1200 \text{pcu/h}$$

2）将预测的单方向设计小时交通量（$DDHV$）换算为15min高峰小时交通量（SF）。由已知条件15min高峰小时系数（PHF_{15}）为0.935，则由式（3-6）可知：

$$SF = DDHV / PHF_{15} = 1200 / 0.935 \approx 1283 \text{pcu/h}$$

3）将高峰小时流率换算成为需要服务的最大服务流率。由已知条件交通组成：中型车25%，大型车5%；查表3-5，可知中型车的车辆折算系数为1.5，大型车的车辆折算系数为2.0；由于驾驶员多为职业驾驶员，且熟悉分析路段，则 f_P 取1.00。则：

$$f_{HV} = \frac{1}{1 + \sum p_i(E_i - 1)} = \frac{1}{1 + [0.25 \times (1.5 - 1) + 0.05 \times (2.0 - 1)]} = 0.85$$

根据式（3-7）计算设计道路和假设交通条件所需的最大服务流率（MSF）：

$$MSF = \frac{SF}{f_{HV} \times f_P} = \frac{1283}{0.85 \times 1.00} = 1508 \text{pcu/(h·ln)}$$

（2）计算规划、设计条件所需要的车道数：

1）计算规划、设计条件下的自由流速度。假设基本自由流速度为100km/h，双向6车道，车道宽度和侧向净空也按照基本条件设计，由式（3-1），查表3-3和表3-4，计算实际条件下的计算自由流速度：

$$V_R = V_0 + \Delta V_W + \Delta V_N = 100 + 0 - 3 = 97 \text{km/h}$$

2）确定设计通行能力。取三级服务水平作为设计服务水平，根据表

3-2 以及计算的自由流速度 V_R，应用插值方法可计算设计条件通行能力为：

$$C_d=1750+\frac{(2000-1750)}{(100-80)}\times(97-80)=1963\text{pcu}/(\text{h}\cdot\text{ln})$$

3）确定车道数。根据计算得到设计路段所需的最大服务流率（MSF）和设计条件下单车道通行能力 C_d，按式（3-8）计算设计路段所需车道数：

$$N=MSF/C_d=1508/1963=0.77\text{ 条}$$

4）由于车道数不能是小数，通过向上取整方法，所需的最少设计车道数为单向 1 车道，即双向 2 车道。

快速路基本路段分析表 表 3-8

快速路基本路段分析表	
一般信息	
分析员： 作业日期： 作业时段：	分析路段名称： 分析路段等级： 行驶方向：
□ 运行状况分析(LOS)　　　□ 设计分析(N)　　　☑ 规划分析(N)	
交通量输入	
流量,$Q=$____ pcu/h 年平均日交通量 $AADT=$ <u>20000</u> veh/d 高峰小时系数 $K=$ <u>12.0</u> % 高峰小时方向系数,$D=$ <u>0.5</u> $DDHV=AADT\times K\times D=$ <u>1200</u> pcu/h 驾驶员类型 □职业 □业余	$PHF_{15}=$ <u>0.935</u> 小型车比例＝ <u>70</u> % 中型车比例＝ <u>25</u> % 大型车比例＝ <u>5</u> % 地形 ☑平原 □丘陵 □山区 纵坡____ %　坡长____ km
计算交通流修正系数	
$f_P=1.0,E_{中型车}=1.5,E_{大型车}=2.0$	$f_{HV}=\dfrac{1}{1+\sum p_i(E_i-1)}=$ <u>0.85</u>
速度输入	
行车道宽度 3×3.50m 左侧路缘带宽度 0.75m 右侧路肩宽度 2.0m 单向车道数 $N=3$	$V_0=100$km/h $\Delta V_W=0.0$km/h,$\Delta V_N=$ <u>−3.0</u>km/h $V_R=V_0+\Delta V_W+\Delta V_N=$ <u>97km/h</u>
LOS 和性能指标	
$C_R=$____pcu/(h・ln) $MSF=Q$ 或 $DDHV/(PHF_{15}\times f_{HV}\times f_P\times N)=$____ pcu/(h・ln) $X=V/C=MSF/C_R=$_____ LOS:___, $K=$____pcu/(km・ln)	$MSF=Q$ 或 $DDHV/(PHF_{15}\times f_{HV}\times f_P\times N)$ 　　　$=$ <u>1508</u>pcu/(h・ln) $C_d=$ <u>1963</u>pcu/(h・ln) $N=MSF/C_d=0.77$,取整为____ $V_R=$____km/h $X=V/C=MSF/C_R=$____ LOS:___, $K=$____pcu/(km・ln)

3.5　附录　快速路基本路段分析表

快速路基本路段分析表　　　　　　　　　　　　　　　　　表 3-9

快速路基本路段分析表

一般信息	
分析员： 作业日期： 作业时段：	分析路段名称： 分析路段等级： 行驶方向：
□ 运行状况分析（LOS）　　　□ 设计分析（N）　　　□ 规划分析（N）	

交通量输入

流量,$Q=$___pcu/h 年平均日交通量,$AADT=$_____veh/d 高峰小时系数 $K=$___% 高峰小时方向系数,$D=$___ $DDHV=AADT\times K\times D=$__pcu/h 驾驶员类型　□职业　□业余	$PHF_{15}=$_____ 小型车比例$=$___% 中型车比例$=$___% 大型车比例$=$___% 地形　□平原　□丘陵　□山区 纵坡_____%　坡长_____km

计算交通流修正系数

$f_P=1.0,E_{中型车}=1.5,E_{大型车}=2.0$	$f_{HV}=\dfrac{1}{1+\sum p_i(E_i-1)}=$_____

速度输入

行车道宽度_____m 左侧路缘带宽度____m 右侧路肩宽度____m 单向车道数 $N=$____	$V_0=$_____km/h $\Delta V_W=$____km/h ,$\Delta V_N=$____km/h $V_R=V_0+\Delta V_W+\Delta V_N=$____km/h

LOS 和性能指标

$C_R=$____pcu/(h·ln) $MSF=Q$ 或 $DDHV/(PHF_{15}\times f_{HV}\times f_P\times N)=$____ pcu/(h·ln) $X=V/C=MSF/C_R=$_____ LOS:____ , $K=$____pcu/(km·ln)	$MSF=Q$ 或 $DDHV/(PHF_{15}\times f_{HV}\times f_P\times N)$ 　　　$=$____pcu/(h·ln) $C_d=$____pcu/(h·ln) $N=MSF/C_d=$____,取整为_____ $V_R=$____km/h $X=V/C=MSF/C_R=$_____ LOS:____ , $K=$____pcu/(km·ln)

第 4 章
快速路分、合流区通行能力分析

4.1 本章引言

快速路分、合流区包含匝道路段和匝道与快速路主线连接处等设施。匝道路段车流运行环境比较简单，运行状态相对稳定。匝道与快速路主线连接处车辆需要分离或汇入，且分离或汇入车辆会对快速路主线中的"直通"交通造成干扰；匝道与快速路主线连接处，其车辆希望在保证交通安全的前提下，顺利分离或者汇入快速路。匝道路段和匝道与快速路主线连接处这两部分设施的运行状态是一个有机的整体，匝道—快速路主线连接处的交通流运行特征最为复杂，是快速路分、合流区交通流运行特征的分析重点。

按匝道功能的不同，分为合流区和分流区。在合流区中，从进口匝道进入的车辆在相邻的主线车道交通流中寻找可利用空隙，以便汇入。连接匝道通常位于主线右边，车道 1（也称路肩车道，如图 4-1 所示）将受到最直接的影响。由于合流车辆的影响，主线中的车辆将在进口匝道上游重新考虑其行驶车道，从而使交通量车道分布打破原来基本路段中的平衡状态，在主线中重新分布。合流影响区如图 4-1 所示。

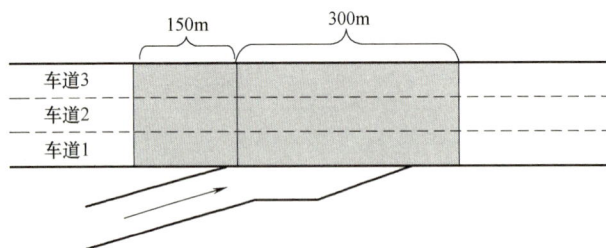

图 4-1　进口匝道合流影响区示意

在分流区中，希望驶出的车辆首先从"直通"交通流中分离出来，进入与匝道相邻的车道，整个车流也会重新调整交通量的车道分布。分流影响区如图 4-2 所示。

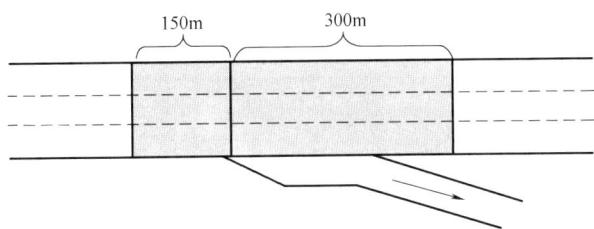

图 4-2　出口匝道分流影响区示意

4.1.1　基本概念

快速路分、合流区由匝道及匝道与快速路主线连接处两部分组成，各部分均有其通行能力属性。快速路分、合流区通行能力基本分析逻辑是：在预测交通量的基础上核查两者运行状况，从而确定整体设施服务水平。

合流区和分流区的运行特征存在很大的差别，其通行能力影响因素也各不相同，整体上包括道路条件和交通条件两个方面，各参数的具体说明见图 4-3、表 4-1。

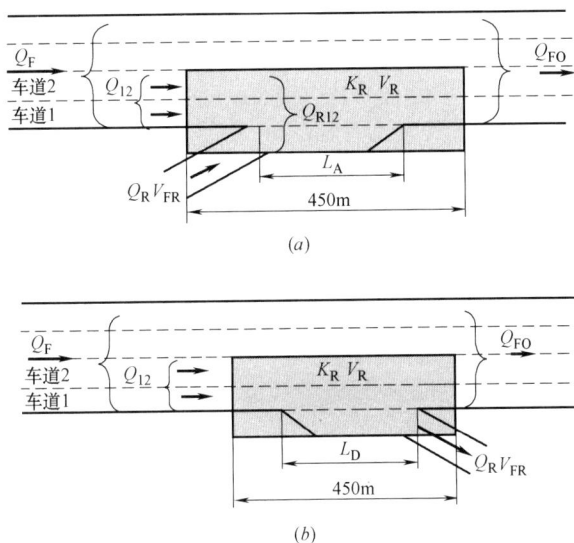

(a)

(b)

图 4-3　分、合流区通行能力的主要影响变量

（a）合流区；（b）分流区

分、合流区通行能力主要影响变量说明　　　　　表 4-1

符号	解　释
Q_F	驶出或驶向快速路分、合流区的总流率，pcu/h
Q_{FO}	驶出快速路分、合流区的总流率，pcu/h
Q_{R12}	驶入合流影响区的总流率，pcu/h
Q_{12}	驶入分、合流影响区的主线总流率，pcu/h

符号	解　释
Q_R	匝道车行道的流率,pcu/h
L_A	加速车道总长,m
L_D	减速车道总长,m
V_R	快速路分、合流影响区的车流速度,km/h
V_{FR}	匝道行车道中的自由流车速,km/h
K_R	快速路分、合流影响区的车流密度,pcu/km
p_{FM}	紧邻合流区上游的主线车道 1 和车道 2 的交通量占该方向总交通量的比例,%
p_{FD}	紧邻分流区上游的主线车道 1 和车道 2 的交通量占该方向总交通量的比例,%

4.1.2　适用条件

本章介绍的方法用于分析快速路分流区与合流区（即匝道及匝道与快速路主线连接处）的通行能力、服务水平、需要车道数及交通和几何特征的影响。

4.1.3　限制条件

本章介绍的方法是在连续流设施条件下完成，未考虑以下措施的制约与限制：

（1）专用车道，如公交专用道、爬坡车道等；

（2）匝道控制；

（3）快速路主路饱和状况；

（4）智能交通系统；

（5）有限速标志、警方现场执法范围的路段。

4.2　分析方法

快速路分、合流区通行能力分析方法有三个主要步骤：

首先，确定紧邻合流影响区上游或分流影响区减速车道开始处进入第 1、第 2 车道的流率 Q_{12}；

然后，确定通行能力值，并同已有的或者预测的需求流量进行比较，以判断交通中断出现的可能性，即，（1）比较分、合流区通行能力值与驶入分、合流区的最大总流量 Q_F；（2）比较分、合流区通行能力值与驶出分、合流区的最大总流率 Q_{FO}；（3）比较匝道通行能力与匝道上的需求流率（对合流区为 Q_{R12}，对分流区为 Q_R）。

最后，确定匝道影响区域内的车流密度 K_R 以及根据该参数得到的服务水平。对于某些情况，还要计算紊流区内的平均车流速度 V_R。

4.2.1　服务水平

本书以密度作为分、合流区的服务水平的分级参数。表 4-2 列出了分、合流区的服务水平划分标准以及分级指标。

合流和分流区的服务水平划分标准　　　　　　　表 4-2

服务水平	密度[pcu/(km・ln)]
一级	<10.0
二级	10.0~20.0
三级	20.0~32.0
四级(饱和流)	42.0
五级(强制流)	>42.0

4.2.2　匝道车行道通行能力

表 4-3 列出了匝道车行道的通行能力值。

匝道车行道通行能力值　　　　　　　　表 4-3

匝道自由流速度 V_{FR}(km/h)	匝道车行道通行能力 C_R(pcu/h)	
	单车道匝道	双车道匝道
60	1800	3600
30~55	1600	3200
<30	1200	2400

分、合流区服务水平的划分标准是在合/分流影响区内车流稳定运行的前提下制定的，如果出现交通需求大于通行能力，包括需要进入影响区的交通流率大于主线中该区域的最大交通流率、匝道中交通需求大于匝道车行道通行能力或驶出合流区的交通流率大于主线通行能力等，会出现交通阻塞的情况，不能采用密度来划分服务水平等级。

4.2.3　分流区通行能力

分流区通行能力取决于上、下游快速路路段的交通流率 Q_F、Q_{FO}。同时，分流区通行能力还受到进入分流影响区的总交通流率 Q_{12} 的限制。

表 4-4 列出了上、下游快速路的通行能力值 C_F、C_{FO} 和分流影响区的通行能力值 C_{12}。

当驶向分流影响区的总流率 Q_F 或驶出分流影响区的总流率 Q_{FO} 超过快速路路段的通行能力 C_F、C_{FO} 时，或者需要进入出口匝道的交通流率 Q_R 超过出口匝道本身通行能力时，交通流将出现中断，服务水平为四级下半部；当进入影响区的总流率 Q_{12} 超过通行能力 C_{12}，但总流率 Q_F 或 Q_{FO} 没有超过快速路路段的通行能力 C_F、C_{FO} 时，将出现局部高密度的交通流，但是快速路上不会有排队，服务水平可根据密度来确定。

分流区通行能力值　　　　　　表 4-4

快速路自由流速度（km/h）	上、下游快速路通行能力 C_F 或 C_{FO}（pcu/h）				分流影响区通行能力 C_{12}（pcu/h）
	单方向车道数				
	1	2	3	4	
100	2200	4400	6600	2200/ln	3900
80	2100	4200	6300	2100/ln	3900
60	1800	3600	5400	1800/ln	3900

4.2.4　合流区通行能力

合流区通行能力主要由下游的路段交通流率 Q_{FO} 决定。上游快速路驶来的流率和匝道进入的流率不能超过下游的路段通行能力。驶出快速路分、合流区的总流率 Q_{FO} 可用式（4-1）计算：

$$Q_{FO} = Q_F + Q_R \tag{4-1}$$

式中　Q_F——上游的交通流率，pcu/h；

　　　Q_R——匝道车行道的交通流率，pcu/h。

同时，合流区通行能力还受到进入合流影响区的总交通流率的约束。进入合流影响区的总交通流率 Q_{R12} 可用式（4-2）计算：

$$Q_{R12} = Q_{12} + Q_R \tag{4-2}$$

表 4-5 列出了合流区下游通行能力值 C_{FO} 和进入合流影响区的最大期望交通流率（通行能力值）C_{R12}。

合流区通行能力值　　　　　　表 4-5

快速路自由流速度（km/h）	下游快速路的通行能力值 C_{FO}（pcu/h）				合流影响区的通行能力 C_{R12}（pcu/h）
	单方向车道数				
	1	2	3	4	
100	2200	4400	6600	2200/ln	4100
80	2100	4200	6300	2100/ln	4100
60	1800	3600	5400	1800/ln	4100

当驶出合流影响区的总流率 Q_{FO} 超过下游快速路路段的通行能力 C_{FO} 时，交通流将出现阻塞，服务水平为四级下半部，并且从合流点开始将会向上游形成排队；当进入影响区的总流率 Q_{R12} 超过了其通行能力 C_{R12}，但总流率 Q_{FO} 没有超过下游快速路路段的通行能力 C_{FO} 时，将出现局部高密度的交通流，此时，快速路上不会有排队出现，服务水平可根据密度来确定。

4.2.5　交通流率计算

快速路分、合流区通行能力和服务水平分析是基于 15min 高峰小时流率来计算的。因此，需要把快速路、匝道小时交通量换算成 15min 高峰小时流率，可按式（4-3）进行计算：

$$SF = \frac{Q}{PHF \times f_{HV} \times f_{P}}\tag{4-3}$$

式中　SF——15min 高峰小时流率，pcu/h；

　　　Q——观测的小时交通量，veh/h；

　　PHF——高峰小时系数；

　　f_{HV}——交通组成修正系数；

　　　f_{P}——驾驶员总体特征修正系数。

式（4-3）中的修正系数的取值同快速路基本路段。

4.2.6　进入分流影响区交通流量计算公式

进入分流影响区的流率 Q_{12} 的计算公式如式（4-4）所示：

$$Q_{12} = Q_{R} + (Q_{F} - Q_{R})p_{FD}\tag{4-4}$$

式中　Q_{12}——驶入分流影响区的主线最大总流率估计值，pcu/h；

　　　Q_{F}——上游驶向分流区的快速路总流率，pcu/h；

　　　Q_{R}——出口匝道需求流率，pcu/h；

　　　p_{FD}——分流区上游行驶在 1、2 车道上流率占上游总流率的比例，其取值应根据主线快速路车道数而定，见表 4-6 所列。

分流区上游 1、2 车道上流率占上游总流率的比例 p_{FD} 计算公式

表 4-6

p_{FD} 计算公式	
4 车道（双向）	$p_{FD} = 1.000$
6 车道（双向）	$p_{FD} = 0.76 - 0.000025Q_{F} - 0.000046Q_{R}$
8 车道（双向）	$p_{FD} = 0.436$

4.2.7　进入合流影响区交通流量计算公式

进入合流影响区的流率 Q_{12} 的计算公式如式（4-5）所示：

$$Q_{12} = Q_{F} \times p_{FM}\tag{4-5}$$

式中　Q_{12}——驶入合流影响区的主线最大总流率估计值，pcu/h；

　　　Q_{F}——上游驶向合流区的快速路总流率，pcu/h；

　　　p_{FM}——合流区上游 1、2 车道上流率占上游总流率的比例，其取值应根据主线快速路车道数而定，见表 4-7 所列。

4.2.8　匝道影响区区间密度计算公式

分流影响区的车流密度可用式（4-6）计算。

$$K_{R} = 2.642 + 0.0053Q_{12} - 0.0183L_{D}\tag{4-6}$$

合流区上游1、2车道上流率占上游总流率的比例 p_{FM} 计算公式

表 4-7

	p_{FM} 计算公式
4 车道（双向）	$p_{FM}=1.000$
6 车道（双向）	$p_{FM}=0.5775+0.000092L_A$
8 车道（双向）	$p_{FM}=0.2178-0.000125Q_R+0.05887L_A/V_{FR}$

合流影响区的车流密度可用式（4-7）计算。

$$K_R=3.402+0.00456Q_R+0.0048Q_{12}-0.01278L_A \tag{4-7}$$

4.2.9 匝道影响区区间速度计算公式

（1）分流影响区

1）分流影响区内区间速度 V_R 的计算公式如式（4-8）所示：

$$V_R=V_f-(V_f-67)D_V \tag{4-8}$$

式中　V_R——分流影响区区间速度，km/h；

　　　V_f——影响区上游快速路主线的自由流速度，km/h；

　　　D_V——分流影响区区间速度中间计算变量，$D_V=0.883+0.00009Q_R-0.008V_{FR}$；

其他参数同上。

2）分流影响区外侧车道区间速度 V_O 的计算公式如式（4-9）和式（4-10）所示：

$$V_O=1.06V_f，当 Q_{OA}<1000pcu/h \tag{4-9}$$

$$V_O=1.06V_f-0.0062(Q_{OA}-1000)，当 Q_{OA}\geqslant 1000pcu/h \tag{4-10}$$

式中　V_O——分流影响区外侧车道区间速度，km/h；

　　　V_f——接近分流区的快速路主线自由流速度，km/h；

　　　Q_{OA} 为分流影响区起点外侧车道上的平均每车道上的流率，pcu/h，计算公式见式（4-11）：

$$Q_{OA}=\frac{Q_F-Q_{12}}{N_O} \tag{4-11}$$

式中　N_O——匝道影响区外侧车道数，不包括加速车道、车道1和车道2。

3）分流影响区所有车辆的区间速度 V 的计算公式如式（4-12）所示：

$$V=\frac{Q_{12}+Q_{OA}N_O}{\left(\dfrac{Q_{12}}{V_R}\right)+\left(\dfrac{Q_{OA}N_O}{V_O}\right)} \tag{4-12}$$

式中　V——分流影响区所有车辆的区间速度，km/h；

　　　N_O——匝道影响区外侧车道数，不包括加速车道、车道1和车道2。

（2）合流影响区

1）合流影响区内区间速度 V_R 的计算公式如式（4-13）所示：

$$V_R = V_f - (V_f - 67)M_V \qquad (4\text{-}13)$$

式中　V_R——合流影响区内区间速度，km/h；

　　　V_f——影响区上游快速路主线的自由流速度，km/h；

　　　M_V——合流影响区区间速度计算中间变量，计算公式如式（4-14）
　　　　　所示：

$$M_V = 0.321 + 0.0039e^{(Q_{R12}/1000)} - 0.004(L_A V_{FR}/1000) \qquad (4\text{-}14)$$

2）合流影响区外侧车道区间速度 V_O 的计算公式如式（4-15）～式
（4-17）所示：

$$V_O = V_f, \text{当 } Q_{OA} < 500\text{pcu/h} \qquad (4\text{-}15)$$

$$V_O = V_f - 0.0058(Q_{OA} - 500), \text{当 } 500\text{pcu/h} \leqslant Q_{OA} < 2300\text{pcu/h} \qquad (4\text{-}16)$$

$$V_O = V_f - 10.52 - 0.01(Q_{OA} - 2300), \text{当 } Q_{OA} \geqslant 2300\text{pcu/h} \qquad (4\text{-}17)$$

式中　V_O——合流影响区外侧车道区间速度，km/h；

　　　其他参数同上。

3）合流影响区所有车辆的区间速度 V 的计算公式如式（4-18）所示：

$$V = \frac{Q_{R12} + Q_{OA}N_O}{\left(\dfrac{Q_{R12}}{V_R}\right) + \left(\dfrac{Q_{OA}N_O}{V_O}\right)} \qquad (4\text{-}18)$$

式中　V——合流影响区所有车辆的区间速度，km/h；

　　　其他参数同上。

4.3　应用流程

　　在分、合流区的通行能力分析中，同样存在规划、设计和运行状况三个层次的分析内容。总的来说，这三个层次的分析都分为两部分，首先是确定分析对象是否处于稳定运行状态，然后再详细研究分析对象的车流密度、服务水平和区间速度。在规划和设计分析中，还可以得到加/减速车道长度、匝道车行道数等。这三个层次分析所需的数据和分析步骤基本一致，只是用于规划分析的数据主要是根据本书提供的默认值和预测数值，而设计和运行状况分析的数据多来自于实际观测和当地的经验值。因此，本章的分析步骤不再按层次分别说明，而将三个层次的分析进行统一介绍。

4.3.1　分流区通行能力分析

（1）分析数据要求

1）快速路主线基本数据，包括主线自由流速度、交通量或 $AADT$、设计小时交通量系数、方向分布系数、交通组成和驾驶员总体特征等。

2）分析区域基本数据，包括匝道车道数、加速车道长度、匝道自由流速度、交通流率或 $AADT$、设计小时系数、方向分布系数、交通组成和驾驶员总体特征等。

（2）分流区通行能力分析步骤

图 4-4 给出分流区通行能力分析的流程图，通过分析可以确定分流区的交通运行状态，进而计算车流密度，确定服务水平等级和分流影响区的区间速度。

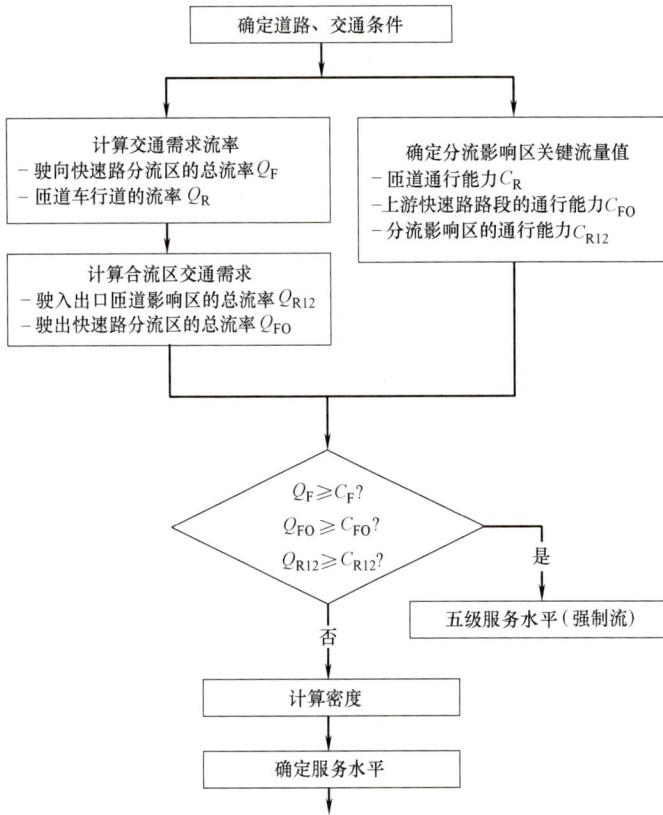

图 4-4　分流区通行能力分析流程图

1）据已知条件确定主线自由流速度 V_f、交通量 Q_F，分析匝道的自由流速度 V_{FR} 和交通量 Q_R，以及地形条件。在规划和设计分析中，交通量资料多采用 $AADT$ 进行计算，而其他的道路几何条件多采用假设数值。

2）按式（4-3）计算各种 15min 的高峰小时流率，包括主线交通流率 Q_F、匝道流率 Q_R。需要注意的是，在规划和设计分析中，由于交通量资料采用 $AADT$，在计算高峰小时流率之前，必须按式（3-5）计算设计小时交通量 $DDHV$。

3）根据主线车道数，按照式（4-4）计算进入出口匝道影响区的交通量 Q_{12}。

4）确定出口匝道的流率 Q_R，进入上下游快速路的流率 Q_F、Q_{FO} 以及进入分流影响区流率 Q_{12}，分别与表 4-3 和表 4-4 中这些关键点通行能力值 C_R、C_F、C_{FO} 和 C_{R12} 进行比较，确定交通流是否处于稳定状态。当 $Q_R \geqslant C_R$、$Q_F \geqslant C_F$、$Q_{FO} \geqslant C_{FO}$ 或者 $Q_{R12} \geqslant C_{R12}$，都认为交通流处于不稳定状态，服务水平为五级强制流。

5）当交通流处于稳定状态时，按式（4-6）计算分流影响区的车流密度，并对照表 4-2 中各服务水平等级的车流密度范围，确定服务水平等级。

6）计算分流影响区的区间速度 V。首先按式（4-8）计算分流影响区内区间速度 V_R；然后根据分流区外侧车道中的交通流率，从式（4-9）和式（4-10）中选择恰当的公式，计算分流区外侧车道的区间速度 V_O；最后按式（4-12）计算分流影响区的区间速度 V。

4.3.2　合流区通行能力分析

（1）分析数据要求

1）快速路主线基本数据，包括主线自由流速度、交通量或 $AADT$、设计小时交通量系数、方向分布系数、交通组成和驾驶员总体特征等。

2）分析区域基本数据，包括匝道车道数、加速车道长度、匝道自由流速度、交通流率或 $AADT$、设计小时交通量系数、方向分布系数、交通组成和驾驶员总体特征等。

（2）合流区通行能力分析步骤

图 4-5 给出了合流区通行能力分析的流程图，通过分析可以确定合流区的交通运行状态，进而计算车流密度，确定服务水平等级和合流影响区的区间速度。

1）根据已知条件确定主线自由流速度 V_f、交通量 Q_F，分析匝道的自由流速度 V_{FR} 和交通量 Q_R，以及地形条件。在规划和设计分析中，交通量资料多采用 $AADT$ 进行计算，而其他的道路几何条件多采用假设数值。

2）按式（4-3）计算各种 15min 的高峰小时流率，包括主线交通流率 Q_F、匝道流率 Q_R。需要注意的是，在规划和设计分析中，由于交通量资料采用 $AADT$，在计算高峰小时流率之前，必须按式（3-5）计算设计小时交通量 $DDHV$。

3）根据主线车道数，按照式（4-5）计算进入进口匝道影响区的主线流率 Q_{12}。

4）比较匝道流率 Q_R、进入下游快速路的流率 Q_{FO} 和进入合流影响区流率 Q_{R12} 与表 4-3 中匝道通行能力 C_R 以及表 4-5 中这两个关键点通行能力值 C_{FO} 和 C_{R12} 的大小，确定交通流是否处于稳定状态。当 $Q_R \geqslant C_R$、$Q_{FO} \geqslant C_{FO}$ 或者 $Q_{R12} \geqslant C_{R12}$，都可以判断交通流处于不稳定状态，服务水平为五级强制流。

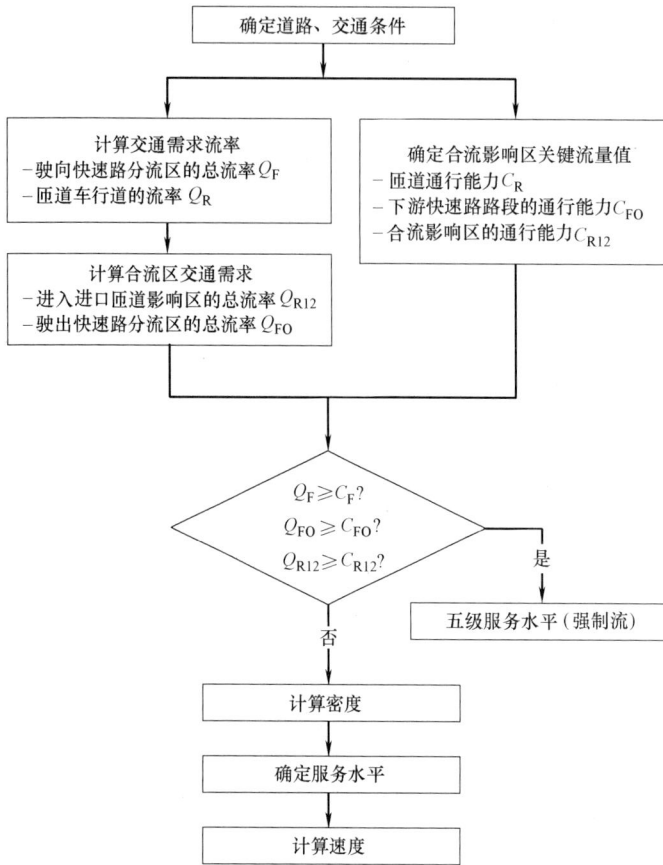

图 4-5   合流区通行能力分析流程图

5）当交通流处于稳定状态时，按式（4-7）计算合流影响区的车流密度，并对照表 4-2 中各服务水平等级的车流密度范围，确定服务水平等级。

6）计算合流影响区的区间速度 V。首先按式（4-13）计算合流影响区内区间速度 V_R；然后根据合流区外侧车道中的交通流率，从式（4-15）～式（4-17）中选择恰当的公式，计算合流区外侧车道的区间速度 V_O；最后按式（4-18）计算合流影响区的区间速度 V。

4.3.3   特殊情况说明

（1）分流区的特殊情况

1）双车道出口匝道

图 4-6 是一种典型的快速路双车道出口匝道。与单车道匝道相比，其通行能力没有发生变化，但在承担相同流量时，双车道出口匝道的运行更顺畅，且服务水平较高。

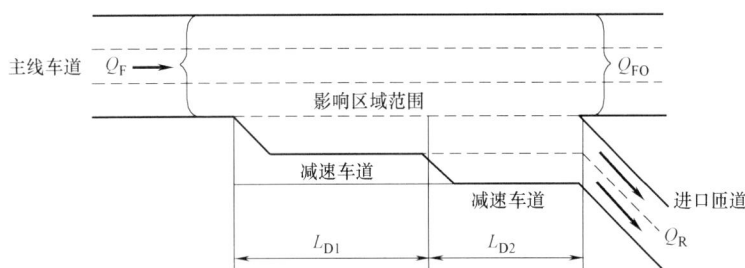

图 4-6 典型的双车道出口匝道

在通行能力分析过程中，有两个方面与单车道出口匝道不同：

① 按式（4-4）计算进入双车道出口匝道影响区的交通量 Q_{12} 时，进入分流影响区的交通量与该方向总交通量之比 p_{FD} 取值如下：

双向 4 车道快速路，$p_{FD} = 1.000$；

双向 6 车道快速路，$p_{FD} = 0.450$；

双向 8 车道快速路，$p_{FD} = 0.260$。

② 在利用式（4-6）计算匝道影响区的车流密度 K_R 时，对于图 4-6 应该用有效减速车道长度 L_{Deff} 代替原加速车道长度 L_D，有效减速车道长度 L_{Deff} 计算公式如式（4-19）所示：

$$L_{Deff} = 2L_{D1} + L_{D2} \tag{4-19}$$

式中，L_{D1} 和 L_{D2} 的定义参见图 4-6。

需要注意的是：双车道出口匝道对于主线车道和匝道影响区内通行能力值没有影响，仍然采用表 4-7 中的数值。

2）附加减速车道

当单车道出口匝道的分流处附加一条减速车道时，匝道与快速路连接处的通行能力受匝道本身几何条件限制更多，而不受分流影响区通行能力值 C_{12} 的限制。

（2）合流区的特殊情况

1）双车道进口匝道

图 4-7 是一个典型的快速路双车道进口匝道。与单车道匝道相比，在承担相同流量时，双车道进口匝道运行更顺畅，且服务水平较高。在通行能力分析过程中，有两个方面与单车道匝道不同：

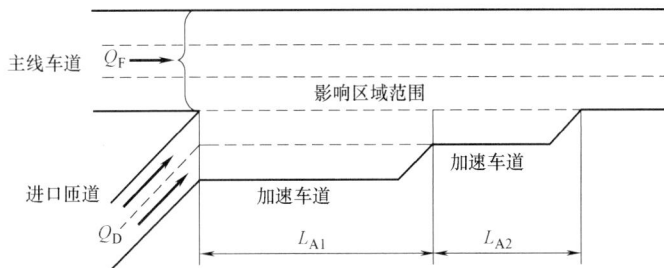

图 4-7 典型的双车道进口匝道

① 应用式（4-5）计算进入双车道进口匝道影响区的交通量 Q_{12} 时，进入交通量与该方向总交通量之比取值如下：

双向 4 车道快速路，$p_{FM}=1.000$；

双向 6 车道快速路，$p_{FM}=0.555$；

双向 8 车道快速路，$p_{FM}=0.209$。

② 在应用式（4-7）计算合流影响区的车流密度 K_R 时，应该用有效加速车道长度 L_{Aeff} 代替原加速车道长度 L_A，有效加速车道长度 L_{Aeff} 计算公式如式（4-20）所示：

$$L_{Aeff}=2L_{A1}+L_{A2} \tag{4-20}$$

式中，L_{A1} 和 L_{A2} 的定义参见图 4-7。

需要注意的是：双车道进口匝道对于主线车道和匝道影响区内所疏导的最大流率没有影响，仍然采用表 4-5 中的数值。

2）附加车道

当单车道进口匝道合流处附加一条车道时，匝道与快速路连接处的通行能力更多的是受匝道本身几何条件的限制，而不受合流影响区内最大交通流率 C_{R12} 的限制。

4.4　实践算例

4.4.1　算例 4-1——进口匝道的运行状态分析

已知：匝道情况：平原地区某双向 4 车道快速路中单车道孤立驶入匝道。快速路路段单方向 2 车道，车道宽 3.6m，自由流车速 $V_f=110$km/h，快速路路段流量为 2200pcu/h，中型车比例为 10%，大型车比例为 5%，$PHF=0.90$；孤立匝道 1 车道，匝道流量 300pcu/h，匝道中型车比例为 5%，大型车比例为 3%，拖挂车比例为 2%，匝道的自由流车速 $V_{FR}=60$km/h，加速车道长 225m。

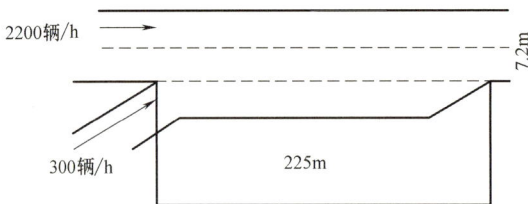

图 4-8　算例 4-1 合流影响区运行分析计算示意

问题：求合流影响区高峰小时的服务水平等级。

分析步骤：

（1）计算主线和匝道上高峰小时流率。利用式（4-3）$SF=\dfrac{Q}{PHF \times f_{HV} \times f_P}$

计算主线和匝道上 15min 的高峰小时流率 Q_F 和 Q_R；

1）主线中的交通组成：中型车比例为 10%、大型车比例为 5%，$PHF=0.90$，流量为 2200pcu/h，自由流车速 $V_f=110$km/h，查表 3-5 得到主线车辆折算系数 E_i 值分别为 1.5 和 2.0。

2）匝道中的交通组成：中型车比例为 5%、大型车比例为 3%，$PHF=0.90$，流量为 300pcu/h，匝道的自由流车速 $V_{FR}=60$km/h，查表 3-5 得到匝道中型车与大型车辆折算系数 E_i 值分别为 1.5 和 2.0。

3）由 $f_{HV}=\dfrac{1}{1+\sum p_i(E_i-1)}$ 计算得出交通组成修正系数 f_{HV} 值。

主线：$f_{HV}=\dfrac{1}{1+\sum p_i(E_i-1)}=\dfrac{1}{1+0.10\times(1.5-1)+0.05\times(2.0-1)}=$

0.909

进口匝道：$f_{HV}=\dfrac{1}{1+0.05\times(1.5-1)+0.05\times(2.0-1)}=0.930$

4）驾驶员均为专业驾驶员取 $f_P=1.00$，

利用式（4-3）计算高峰小时流率，经计算得：

主线：$Q_F=\dfrac{2200}{0.90\times0.909\times1.00}=2689$pcu/h

匝道：$Q_R=\dfrac{300}{0.90\times0.930\times1.00}=358$pcu/h

（2）计算匝道影响区的交通流量 Q_{12}。

1）对于快速路为双向 4 车道，每方向为 2 车道，根据表 4-7 取 $p_{FM}=1.00$。

2）根据式（4-5）计算进入进口匝道影响区的交通流率 Q_{12}。

$$Q_{12}=Q_F\times p_{FM}=2689\times1.00=2689\text{pcu/h}$$

（3）判断交通流运行状况。

1）查表 4-3 可得进口匝道通行能力 $C_R=1800$pcu/h，查表 4-5 可得下游快速路的最大通行能力 $C_{FO}=4400$pcu/h，合流影响区的最大通行能力 $C_{R12}=4100$pcu/h；

2）计算匝道流率 Q_R、进入下游快速路的流率 Q_{FO} 和进入合流影响区流率 Q_{R12}。

$$Q_R=358\text{pcu/h}$$
$$Q_{FO}=Q_F+Q_R=2689+358=3047\text{pcu/h}$$
$$Q_{R12}=Q_{12}+Q_R=2689+358=3047\text{pcu/h}$$

3）由上述计算结果可知 $Q_R<C_R$，$Q_{FO}<C_{FO}$，$Q_{R12}<C_{R12}$，可以判断该处交通流处于稳定状态，计算合流区的车流密度 K_R。

$$K_R=3.402+0.00456Q_R+0.0048Q_{12}-0.01278L_A$$
$$=3.402+0.00456\times358+0.0048\times2689-0.01278\times225$$
$$=15.1\text{pcu/(km·ln)}$$

（4）判断服务水平。

查表 4-2 可知，二级服务水平的下限分界密度是 20pcu/(h·ln)，则 15.1pcu/(km·ln) 的密度处于二级服务水平。

（5）计算合流影响区所有车辆的区间速度 V。

计算合流影响区区间速度计算中间变量 M_V。

$$M_V = 0.321 + 0.0039e^{(Q_{R12}/1000)} - 0.004(L_A V_{FR}/1000)$$

$$= 0.321 + 0.0039e^{(3047/1000)} - 0.004(225 \times 60/1000) = 0.349$$

根据式（4-13）计算合流影响区内区间速度 V_R。

$$V_R = V_{FF} - (V_{FF} - 67)M_V = 110 - (110 - 67) \times 0.349 = 95.0 \text{km/h}$$

由于匝道影响区外侧车道数 $N_O = 0$，故由式（4-18）可知，

$$V = V_R = 95.0 \text{km/h}$$

结果：匝道合流影响区域服务水平为二级，合流影响区所有车辆的区间速度为 95.0km/h，交通密度为 15.1pcu/(km·ln)。

快速路基本路段分析表   表 4-8

快速路分、合流区分析表

一般信息	
分析员：	分析路段名称：
作业日期：	分析路段等级：
作业时段：	行驶方向：

□ 分流区   ☑ 合流区

输入

地形：平原

主线车道 2200辆/h   7.2m

进口匝道 300辆/h   225m   加速车道

$V_f = 110 \text{km/h}$ $V_{FR} = 60 \text{km/h}$

高峰小时小客车流率						
pcu/h	Q(pcu/h)	PHF	%中型车、 %大型车	f_{HV}	f_P	$SF = \dfrac{Q}{PHF \times f_{HV} \times f_P}$
Q_F	2200	0.90	10、5	0.909	1.0	2689
Q_R	300	0.90	5、3	0.930	1.0	358

合流区	分流区
$Q_{12} = Q_F \times p_{FM}$	$Q_{12} = Q_R + (Q_F - Q_R)p_{FD}$
$p_{FM} = 1.0$，表 4-7	$p_{FD} = \underline{\quad}$，表 4-6
$Q_{12} = 2689 \text{pcu/h}$	$Q_{12} = \underline{\quad} \text{pcu/h}$

判断交通流运行状况					
进入合流影响区的交通流			进入分流影响区的交通流		
	实际	通行能力		实际	最大
Q_R	358	1800	Q_R		
Q_{FO}	3047	4400	Q_F		
Q_{R12}	3047	4100	Q_{FO}		
			Q_{12}		

确定服务水平等级	
$K_R = 3.402 + 0.00456Q_R + 0.0048Q_{12} - 0.01278L_A =$ $\underline{15.1}\text{pcu/(km} \cdot \text{ln)}$ 服务水平为二级	$K_R = 2.642 + 0.0053Q_{12} - 0.0183L_D$ $= \underline{\quad}\text{pcu/(km} \cdot \text{ln)}$ 服务水平为 $\underline{\quad\quad}$

计算速度	
$M_V = 0.321 + 0.0039e^{(Q_{R12}/1000)} - 0.004(L_A V_{FR}/1000)$ $= \underline{0.349}$ $V_R = V_f - (V_f - 67)M_V = \underline{95.0}\ \text{km/h}$ $N_O = \underline{0}$ $V = \dfrac{Q_{R12} + Q_{OA}N_O}{\left(\dfrac{Q_{R12}}{V_R}\right) + \left(\dfrac{Q_{OA}N_O}{V_O}\right)} = 95.0\text{km/h}$	$D_V = 0.883 + 0.00009Q_R - 0.008V_{FR} = \underline{\quad}$ $V_R = V_f - (V_f - 67)D_V = \underline{\quad}\ \text{km/h}$ $Q_{OA} = (Q_F - Q_{12})/N_O = \underline{\quad}\ \text{pcu/h}$ $V_O = 1.06V_f - 0.0062(Q_{OA} - 1000) = \underline{\quad}\ \text{km/h}$ $V = \dfrac{Q_{12} + Q_{OA}N_O}{\left(\dfrac{Q_{12}}{V_R}\right) + \left(\dfrac{Q_{OA}N_O}{V_O}\right)} = \underline{\quad}\ \text{km/h}$

4.4.2　算例 4-2——出口匝道的运行状态分析

已知：匝道情况：双向 8 车道快速路的一条驶出匝道，减速车道长度为 80m。主线车流量为 4000pcu/h，其中中型车占 4.7%，大型车占 5%，自由流速度为 $V_f = 100$km/h，$PHF = 0.90$；驶出匝道车流中有 5% 为中型车，5% 为大型车；驶出匝道自由流车速 V_{FR} 为 40km/h；驶出匝道车流量为 450pcu/h。

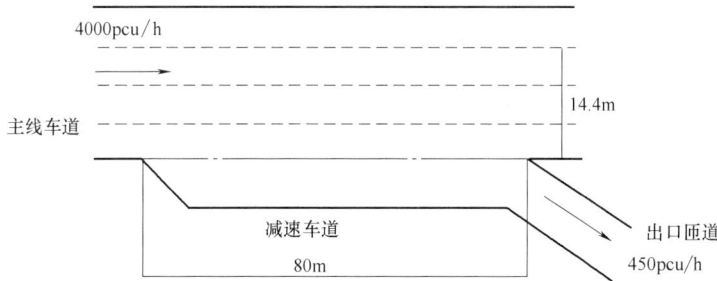

图 4-9　算例 4-2 分流影响区运行分析计算示意

问题：高峰小时驶出匝道分流影响区的服务水平为几级？

分析步骤：

（1）计算各处高峰小时流率。

利用式（4-3）$SF = \dfrac{Q}{PHF \times f_{HV} \times f_P}$ 计算主线和匝道上 15min 的高

峰小时流率 Q_F 和 Q_R。

1）主线中的交通组成为中型车比例为 4.7%，大型车比例为 5%，$PHF=0.90$，流量为 4000pcu/h，自由流车速 $V_f=100$km/h，查表 3-5 得到主线车辆折算系数 E_i 值分别为 1.5 和 2.0；

2）匝道中的交通组成：中型车比例为 5%、大型车比例为 5%，$PHF=0.90$，流量为 450pcu/h，匝道的自由流车速 $V_{FR}=40$km/h，查表 3-5 得到匝道车辆折算系数 E_i 值分别为 1.5 和 2.0。

3）由 $f_{HV}=\dfrac{1}{1+\sum p_i(E_i-1)}$ 计算得出交通组成修正系数 f_{HV} 值。

主线：$f_{HV}=\dfrac{1}{1+\sum p_i(E_i-1)}=\dfrac{1}{1+0.047\times(1.5-1)+0.05\times(2.0-1)}=0.932$

出口匝道：$f_{HV}=\dfrac{1}{1+0.05\times(1.5-1)+0.05\times(2.0-1)}=0.930$

4）驾驶员均为专业驾驶员取 $f_P=1.00$。

5）利用式（4-3）计算高峰小时流率，经计算得：

主线：$Q_F=\dfrac{4000}{0.90\times0.932\times1.00}=4769$pcu/h

匝道：$Q_R=\dfrac{450}{0.90\times0.930\times1.000}=538$pcu/h

（2）计算进入出口匝道影响区的交通流率 Q_{12}。

1）由于快速路为双向 8 车道，单向 4 车道，根据表 4-6 可得 $p_{FD}=0.436$。

2）利用式（4-4）计算进入出口匝道影响区的交通流率 Q_{12}。

$Q_{12}=Q_R+(Q_F-Q_R)p_{FD}=538+(4769-538)\times0.436=2383$pcu/h

（3）判断交通流运行状态

1）查表 4-3 可得出口匝道通行能力 $C_R=1600$pcu/h，查表 4-4 可得上游快速路的最大通行能力 $C_F=8800$pcu/h，下游快速路的最大通行能力 $C_{FO}=8800$pcu/h，分流影响区的最大通行能力 $C_{12}=3900$pcu/h。

2）计算出口匝道流率 Q_R、进入上、下游快速路的流率 Q_F、Q_{FO} 和进入分流影响区的流率 Q_{12}。

$$Q_R=538\text{pcu/h}$$
$$Q_{FO}=4231\text{pcu/h}$$
$$Q_{12}=2383\text{pcu/h}$$

3）由上述计算结果可知 $Q_R<C_R$，$Q_F<C_F$，$Q_{FO}<C_{FO}$，$Q_{12}<C_{12}$，可以判断该处交通流处于稳定状态。

（4）计算分流影响区的车流密度；判断服务水平。

1）利用式（4-6）计算分流影响区的车流密度。

$$K_R = 2.642 + 0.0053Q_{12} - 0.0183L_D$$
$$= 2.642 + 0.0053 \times 2383 - 0.0183 \times 80 = 13.8 \text{pcu/(km} \cdot \text{ln)}$$

2）查表 4-2 可知二级服务水平下限的分界密度为 20.0pcu/km/ln，则 13.8pcu/(km·ln) 的密度处于二级服务水平。

（5）计算分流影响区所有车辆的区间速度 V。

1）已知 $V_f = 100$km/h，$V_{FR} = 40$km/h，利用式（4-8）计算分流影响区内的区间速度 V_R。

$$D_V = 0.883 + 0.00009 \times 538 - 0.008 \times 40 = 0.611$$
$$V_R = V_f - (V_f - 67)D_V$$
$$V_R = 100 - (100 - 67) \times 0.611 = 79.8 \text{km/h}$$

2）应用式（4-9）和式（4-10）计算分流影响区外侧车道区间速度 V_O。

计算分流影响区外侧车道的交通需求量 Q_{OA}：

$$Q_{OA} = (Q_F - Q_{12})/N_O = (4769 - 2383)/2 = 1193 \text{pcu/h}$$

由于 $Q_{OA} = 1193$pcu/h > 1000pcu/h，选用式（4-10）计算分流影响区外侧车道区间速度 V_O。

$$V_O = 1.06V_f - 0.0062(Q_{OA} - 1000)$$
$$= 1.06 \times 100 - 0.0062 \times (1193 - 1000) = 104.8 \text{km/h}$$

3）利用式（4-12）计算分流影响区所有车辆的区间速度 V。

$$V = (2383 + 1193 \times 2)/[2383/79.8 + (1193 \times 2)/104.8] = 90.6 \text{km/h}$$

结果：驶出匝道分流影响区域服务水平为二级，分流影响区域的速度为 79.8km/h，平均速度为 90.6km/h，交通密度为 13.8pcu/(km·ln)。

快速路分合流区分析表　　　　　　表 4-9

快速路分、合流区分析表	
一般信息	
分析员： 作业日期： 作业时段：	分析路段名称： 分析路段等级： 行驶方向：
☑ 分流区　□ 合流区	
输入	

地形：平原

$V_f = 100$km/h　　　$V_{FR} = 40$km/h

续表

高峰小时小客车流率						
pcu/h	Q(pcu/h)	PHF	%中型车、%大型车	f_{HV}	f_P	$SF=\dfrac{Q}{PHF \times f_{HV} \times f_P}$
Q_F	4000	0.90	4.7、5	0.932	1.0	4769
Q_R	450	0.90	5、5	0.930	1.0	538

合流区	分流区
$Q_{12}=Q_F \times p_{FM}$	$Q_{12}=Q_R+(Q_F-Q_R)p_{FD}$
$p_{FM}=$＿＿＿＿，表 4-7	$p_{FD}=\underline{0.436}$，表 4-6
$Q_{12}=$＿＿＿ pcu/h	$Q_{12}=\underline{2383}$ pcu/h

判断交通流运行状况

进入合流影响区的交通流			进入分流影响区的交通流		
	实际	通行能力		实际	最大
Q_R			Q_R	538	1600
Q_{FO}			Q_F	4769	8800
Q_{R12}			Q_{FO}	4231	8800
			Q_{12}	2383	3900

确定服务水平等级

$K_R=3.402+0.00456Q_R+0.0048Q_{12}-0.01278L_A=$ ＿＿＿＿ pcu/(km・ln) 服务水平为 ＿＿＿＿	$K_R=2.642+0.0053Q_{12}-0.0183L_D=\underline{13.8}$ pcu/km/ln 服务水平为 ＿二级＿

计算速度

$M_V=0.321+0.0039e^{(Q_{R12}/1000)}-0.004(L_A V_{FR}/1000)=$ ＿＿ $V_R=V_f-(V_f-67)M_V=$ ＿＿＿ km/h $N_O=$ ＿＿＿ $V=\dfrac{Q_{R12}+Q_{OA}N_O}{\left(\dfrac{Q_{R12}}{V_R}\right)+\left(\dfrac{Q_{OA}N_O}{V_O}\right)}=$ ＿＿＿ km/h	$D_V=0.883+0.00009Q_R-0.008V_{FR}=\underline{0.611}$ $V_R=V_f-(V_f-67)D_V=\underline{79.8}$ km/h $Q_{OA}=(Q_F-Q_{12})/N_O=\underline{1193}$ pcu/h $V_O=1.06V_f-0.0062(Q_{OA}-1000)=\underline{104.8}$ km/h $V=\dfrac{Q_{12}+Q_{OA}N_O}{\left(\dfrac{Q_{12}}{V_R}\right)+\left(\dfrac{Q_{OA}N_O}{V_O}\right)}=\underline{90.6}$ km/h

4.5　附录　快速路分、合流区分析表

表 4-10

快速路分合流区分析表

快速路分、合流区分析表	
一般信息	
分析员： 作业日期： 作业时段：	分析路段名称： 分析路段等级： 行驶方向：
□　分流区　　□　合流区	

续表

输入

地形：_____

$V_f=$_____km/h　　　$V_{FR}=$_____km/h

高峰小时小客车流率

pcu/h	Q(pcu/h)	PHF	%中型车、 %大型车	f_{HV}	f_P	$SF=\dfrac{Q}{PHF\times f_{HV}\times f_P}$
Q_F						
Q_R						

合流区	分流区
$Q_{12}=Q_F\times p_{FM}$	$Q_{12}=Q_R+(Q_F-Q_R)p_{FD}$
$p_{FM}=$_____,表 4-7 $Q_{12}=$____pcu/h	$p_{FD}=$____,表 4-6 $Q_{12}=$____pcu/h

判断交通流运行状况

进入合流影响区的交通流			进入分流影响区的交通流		
	实际	通行能力		实际	最大
Q_R			Q_R		
Q_{FO}			Q_F		
Q_{R12}			Q_{FO}		
			Q_{12}		

确定服务水平等级

$K_R=3.402+0.00456Q_R+0.0048Q_{12}-0.01278L_A$ 　　$=$_____pcu/(km · ln) 服务水平为_____	$K_R=2.642+0.0053Q_{12}-0.0183L_D=$____pcu/(km · ln) 服务水平为_____

计算速度

$M_V=0.321+0.0039e^{(Q_{R12}/1000)}-0.004(L_AV_{FR}/1000)$ 　　$=$_____ $V_R=V_f-(V_f-67)M_V=$____km/h $N_O=$____ $V=\dfrac{Q_{R12}+Q_{OA}N_O}{\left(\dfrac{Q_{R12}}{V_R}\right)+\left(\dfrac{Q_{OA}N_O}{V_O}\right)}=$____km/h	$D_V=0.883+0.00009Q_R-0.008V_{FR}=$_____ $V_R=V_f-(V_f-67)D_V=$_____km/h $Q_{OA}=(Q_F-Q_{12})/N_O=$_____pcu/h $V_O=1.06V_f-0.0062(Q_{OA}-1000)=$_____km/h $V=\dfrac{Q_{12}+Q_{OA}N_O}{\left(\dfrac{Q_{12}}{V_R}\right)+\left(\dfrac{Q_{OA}N_O}{V_O}\right)}=$_____km/h

第 5 章
快速路交织区通行能力分析

5.1　本章引言

　　交织区是指行驶方向相同的两股或多股交通流，沿着一定长度的路段，不借助于交通控制设施进行的交叉。当合流区后面紧接着分流区，或当一条驶入匝道紧接着一条驶出匝道，并在二者之间有辅助车道连接时，都构成交织区。本章主要介绍了快速路交织区通行能力和服务水平的分析方法。

5.1.1　基本概念

　　（1）交织区车流运行特性

　　交织区内的交通流由交织车流与非交织车流组成，交织区车流运行示意如图 5-1 所示。

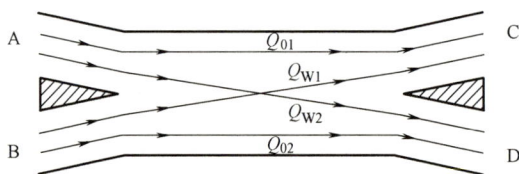

图 5-1　交织区车流运行示意

　　1）交织流：图 5-1 从 A 入口支路驶向 D 出口支路的车辆必须穿过从 B 入口支路驶往 C 出口支路车辆行驶的路径，在此处形成交叉，将 A-D 和 B-C 的交通流叫作交织流。

　　2）非交织车流：在这段路上还有 A-C 和 B-D 车流，它们不与其他车流交叉，称为"非交织车流"。

　　（2）交织区构型

　　交织区的交织构型分为 A 型、B 型和 C 型三种。

　　1）A 型交织区

　　A 型交织区的关键特征是每辆交织车辆为了完成交织运行，至少要进行一次车道变换。图 5-2 描述了 A 型交织区的两种形式。

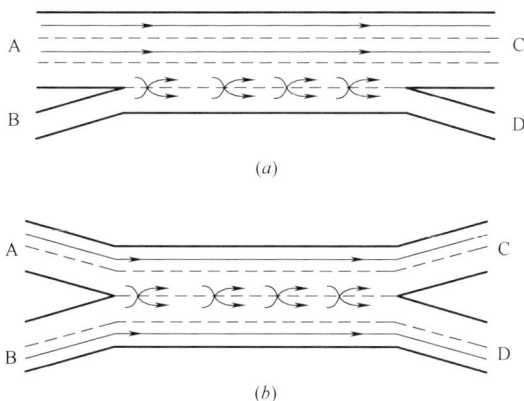

图 5-2　A 型交织区结构示意

2）B 型交织区

B 型交织区是具有多车道的进口支路和出口支路的交织区类型，如图 5-3 所示。B 型交织区的关键特征是：一组交织车流无需进行任何车道变换就可完成其运行要求；另外一组交织车流最多需要一次车道变换就能完成其运行。

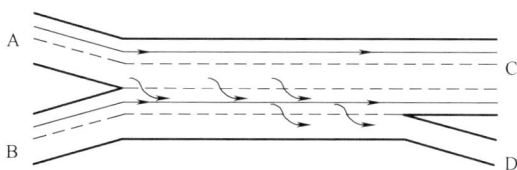

图 5-3　B 型交织区结构示意

3）C 型交织区

C 型交织区与 B 型交织区类似，能为交织车流提供无需变换车道就能完成交织运行的车道。而 B 型与 C 型交织区之间的区别是交织车流所要求的车道变换次数不同，如图 5-4 所示。C 型交织区的关键特征是：①一组交织车流无需进行车道变换就能完成交织运行；②另一组交织车流则需要两次或两次以上的车道变换才能完成交织运行。

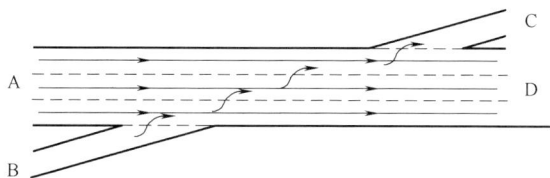

图 5-4　C 型交织区结构示意

（3）交织区长度

交织区长度指为车辆完成交织行为所提供的纵向空间距离，是从汇合

三角区上一点，即从车道 1 右边缘至入口（汇合）车道左边缘的距离为
0.6m 的那一点，至分离三角区车道 1 右边缘至出口（分离）车道左边缘
距离 3.7m 那一点的距离。具体的交织区长度如图 5-5 所示。

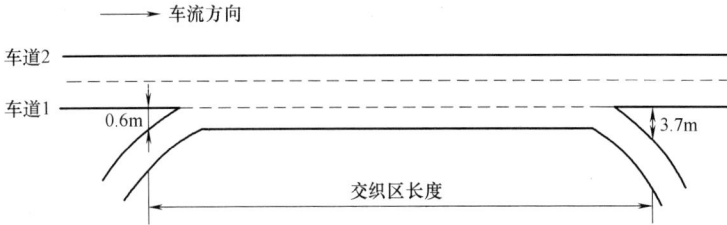

图 5-5　交织区长度示意

（4）交织区宽度

交织区宽度指交织区内部车道数，包括为交织车辆提供交织空间的交
织车道数量和为非交织车辆提供行驶空间的非交织车道数量，其中交织空
间称为交织影响区。交织影响区是以交织区的交织车道数来计量的，指交
织区车流在利用不多于一次换道行为完成交织过程所占用交织区的车道
数。交织构型 A、B、C 中，交织影响区如图 5-6 所示。

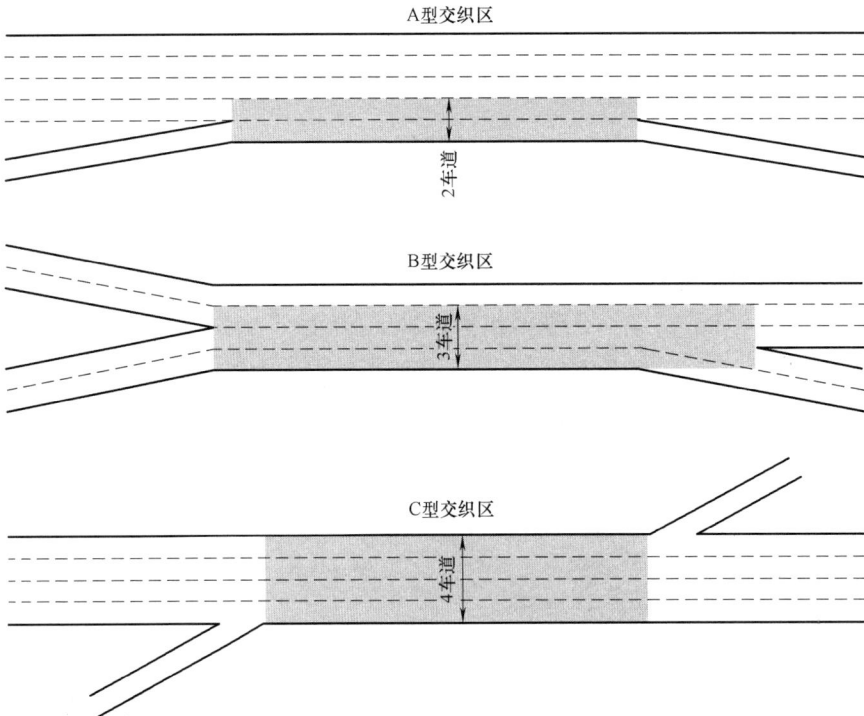

图 5-6　交织影响区示意

交织区分析涉及参数较多，图 5-1～图 5-6 和表 5-1 分别以示意图和表
格的方式定义了交织区分析所用到的变量。

影响交织区运行的参数　　　　　表 5-1

符号	含　义
L	交织区长度，m
N	交织区内总车道数
Q	交织区内总的交通流率，pcu/h
Q_{01}	交织区外侧或非交织流率中的较大者，pcu/h
Q_{02}	交织区外侧或非交织流率中的较小者，pcu/h
Q_{w1}	交织区交织流率中的较大者，pcu/h
Q_{w2}	交织区交织流率中的较小者，pcu/h
Q_w	交织区内总的交织流率，$Q_w = Q_{w1} + Q_{w2}$，pcu/h
Q_{nw}	交织区内总的非交织流率，$Q_{nw} = Q_{01} + Q_{02}$，pcu/h
Q_R	流量比，交织区内交织流率和总流率的比率，$Q_R = Q_w/Q$，pcu/h
V_w	交织区内的交织车速，km/h
V_{nw}	交织区内的非交织车速，km/h
V	交织区内的所有车辆车速，km/h
K	交织区内所有车辆的车流密度，pcu/km

5.1.2　适用条件

本章提供通行能力分析计算方法受以下条件限制：

（1）计算的交织区服务流率是交织区内交织流量 Q_w 和非交织流量 Q_{nw} 之和，其值不可能超过快速路基本路段的通行能力。

（2）所有构型的最大交织段长度为 750m，超过该长度时，就应分别按合流点和分流点进行通行能力分析。

（3）交织区内单车道最大流量为 2000pcu/h。

（4）使用本章提供的计算公式时，各种构型的交织段交织流量比 Q_R 的适用范围见表 5-2，超出此范围，交织区的运行状态将变得不稳定。

交织流量比极限值　　　　　表 5-2

交织构型	交织流量比 Q_R 的适用范围			
	3 车道	4 车道	5 车道	6 车道
A 型	<0.55	<0.35	<0.28	<0.20
B 型	<0.55	<0.37	<0.28	—
C 型	<0.5	<0.35	—	—

5.1.3　限制条件

本章介绍的方法尚未考虑和不能应用的情况：①交织区内的专用车道，如公交专用道等；②交织区匝道控制；③快速路主路饱和状况；④智能交通技术对交织区运行的影响；⑤限速标志或警方现场执法措施对交织区运行的影响；⑥城市街道上的交织区；⑦多重交织区。

5.2   分析方法

由于交织区运行状态比较复杂，因此在交织区的分析过程中，更多采用服务水平分析的方法。快速路交织区服务水平分析包括以下主要步骤：①确定交织区的道路条件和交通条件；②将各小时交通量换算为高峰小时流率；③通过交织区的特征确定交织区构型；④确定交织车速和非交织车速；⑤计算交织区内所有车辆的区间平均速度；⑥计算交织区内所有车辆的车流密度，确定交织区的服务水平等级。

5.2.1   服务水平

本章以密度作为快速路交织区服务水平的分级参数，表 5-3 给出了交织区服务水平分级标准。通过比较计算的车流密度与表 5-3 中的标准可确定交织区的服务水平。

交织区服务水平标准   表 5-3

服务水平	车流密度 $K[\text{pcu}/(\text{km}\cdot\text{ln})]$
一级	≤7.0
二级	7.0～18.0
三级	18.0～25.0
四级（饱和流）	25.0～40.0
五级（强制流）	≥40.0

5.2.2   通行能力

由于交织区的交通流特征与交织构型、交织长度、自由流速度、交织流量比、车道数量等众多因素有关，因此通过分析交织区的实际通行能力可以全面地进行规划、设计和运营分析。而这些分析过程通常都按照"假设→计算"的过程来分析服务水平，以全面了解交织区的运行状况。

实际通行能力计算公式如式（5-1）所示：

$$C_R = C \times f_{HV} \times f_P \times PHF \tag{5-1}$$

式中 C_R——实际通行能力值，pcu/h；

C——基本条件下的通行能力值，pcu/h；

f_{HV}——交通组成修正系数，根据快速路基本路段方法计算；

f_P——驾驶员修正系数，根据快速路基本路段方法计算；

PHF——分析路段的高峰小时系数。

交织区基本通行能力受交织构型、车道数和交织流量比影响很大，因此，其基本通行能力也是按照不同的交织构型、车道数和交织流量比分别列出的，详见表 5-4。

交织区的基本通行能力值　　　　　表 5-4

流量比 Q_R	交织段长度（m）				
	150	300	450	600	750[①]
3 车道交织区（pcu/h）					
0.1	5950	5950	6000	6050	6100
0.2	5650	5900	5950	5950	6000
0.3	5050	5200	5270	5300	5300
0.4	4750	4850	4920	4950	4950
0.5	4550	4650	4700	4750	4800
0.55	3950	4230	4330	4370	4400
4 车道交织区（pcu/h）					
0.1	8100	8150	8150	8150	8200
0.2	7500	7700	8100	8150	8150
0.3	6940	7060	7120	7150	7300
0.35	6140	6430	6530	6730	6940
5 车道交织区（pcu/h）					
0.1	10090	10100	10250	10450	10550
0.2	9030	9120	9250	9450	9560
0.28	8100	8390	8500	8620	8700
6 车道交织区（pcu/h）					
0.1	12150	12300	12350	12550	12730
0.2	11030	11170	11280	11380	11600

B 型交织区

流量比 Q_R	交织段长度（m）				
	150	300	450	600	750[①]
3 车道交织区，pcu/h					
0.1	6150	6200	6200	6200	6200
0.2	5890	6150	6200	6200	6200
0.3	5540	5740	5980	6000	6150
0.4	5110	5460	5650	5700	5850
0.5	4790	4980	5100	5210	5250
0.55	4400	4600	4700	4800	4870
4 车道交织区（pcu/h）					
0.1	8350	8380	8400	8400	8450
0.2	7900	8100	8200	8250	8250

B 型交织区					
流量比 Q_R	交织段长度(m)				
	150	300	450	600	750①
4 车道交织区(pcu/h)					
0.3	7320	7450	7600	7700	7800
0.37	6750	6900	7060	7170	7200
5 车道交织区(pcu/h)					
0.1	10500	10500	10600	10600	10600
0.2	9800	10100	10300	10500	10500
0.28	9050	9290	9350	9400	9500

C 型交织区					
流量比 Q_R	交织段长度(m)				
	150	300	450	600	750①
3 车道交织区(pcu/h)					
0.1	5300	5350	5370	5400	5550
0.2	4500	4550	4600	4630	4730
0.3	4130	4200	4360	4500	4610
0.4	3690	3750	3800	3850	3850
0.5	2780	2800	2850	2850	3080
4 车道交织区(pcu/h)					
0.05	6600	6600	6650	6700	6750
0.1	5700	5750	5820	5900	5950
0.2	4000	4150	4250	4380	4620
0.3	3500	3520	3620	3700	3980
0.35	3350	3370	3460	3550	3730

注：①长度超过 750m 的交织段看作分离的合流区和分流区。

5.2.3 计算流率

表 5-1 中所有的交通流量数值都采用以小时当量小客车数为单位的 15min 高峰小时流率。因此，在实际分析中需要将 15min 高峰小时交通量转化为 15min 高峰小时流率，计算公式如式（5-2）所示：

$$SF = \frac{Q}{PHF \times f_{HV} \times f_P} \quad (5-2)$$

式中 SF——15min 高峰小时流率，pcu/h；

      Q——观测的高峰小时交通量，pcu/h；

     f_{HV}——交通组成修正系数，根据快速路基本路段方法计算；

     f_P——驾驶员修正系数，根据快速路基本路段方法计算。

5.2.4　确定构型

根据交织区构造形式和交织车辆通过交织路段必须进行的车道变换最少次数，参照图 5-2～图 5-4 确定交织区所属类型。

5.2.5　计算车速

交织区车辆的平均运行速度可用式（5-3）进行计算：

$$V_i = V_{\min} + \frac{V_{\max} - V_{\min}}{1 + \dfrac{a(1+Q_R)^b \left(\dfrac{Q}{N}\right)^c}{(3.28L)^d}} \tag{5-3}$$

式中　　V_i——交织车辆（当 $i=w$ 时）或非交织车辆（当 $i=Nw$ 时）的平均车速，km/h；

$\quad\quad V_{\min}$——交织区内可能的最小车速，km/h；

$\quad\quad V_{\max}$——交织区内可能的最大车速，km/h；

$\quad\quad Q_R$——交织流量比；

$\quad\quad Q$——交织区内断面高峰小时总流率，pcu/h；

$\quad\quad N$——交织区内车道数；

$\quad\quad L$——交织区长度，m；

a，b，c，d——参数。

根据实际观测，快速路交织区内最小车速 $V_{\min}$ 通常为 24km/h，最大车速 $V_{\max}$ 通常比交织区上游或下游快速路基本路段的自由流速度高 8km/h。因此，交织与非交织速度可按式（5-4）计算。

$$V_i = 24 + \frac{V_f - 16}{1 + \dfrac{a(1+Q_R)^b (Q/N)^c}{(3.28L)^d}} \tag{5-4}$$

式中　V_f——交织区上游或下游快速路基本路段的平均自由流车速，km/h；

a、b、c、d 的含义同式（5-3），可用观测数据进行估计。表 5-5 是根据我国快速路上 A 型交织区的观测数据得到的估计结果。

回归参数标定结果　　　　　　　　　　　　　　表 5-5

公式	a	b	c	d
V_w	0.356	5.3	0.68	0.8
V_{nw}	0.049	2.4	0.867	0.75

交织区内所有车辆的区间平均速度可用式（5-5）计算。

$$V = \frac{Q}{\left(\dfrac{Q_w}{V_w}\right) + \left(\dfrac{Q_{Nw}}{V_{Nw}}\right)} \tag{5-5}$$

式中 V——交织区内所有车辆的区间平均速度，km/h；

　　 V_w——交织区内交织车辆的区间平均速度，km/h；

　　 V_{nw}——交织区内非交织车辆的区间平均速度，km/h；

　　　 Q——交织区内总流率，pcu/h；

　　 Q_w——交织区内交织流率，pcu/h；

　 Q_{nw}——交织区内非交织流率，pcu/h。

5.2.6　计算密度

交织区内的车流密度可用交织区流量和交织区内所有车辆的平均速度计算，如式（5-6）所示：

$$K = \frac{(Q/N)}{V} \tag{5-6}$$

式中　　K——交织区内所有车辆的平均车流密度，pcu/(km · ln)；

　　　　N——交织区内车道数。

5.3　应用流程

交织区的通行能力分析常用于解决交织区规划设计和运行状况分析两个层次的问题。

5.3.1　规划设计阶段分析

规划设计阶段快速路交织区通行能力分析目的是在给定流率大小、服务水平目标，以及流量和自由流车速的条件下，通过反复计算，寻找合适的交织区长度、车道数或交织区构型，以达到期望的服务水平。规划和设计分析的步骤基本一致，只是输入数据有所不同。规划分析由于数据有限，多采用手册提供的默认值；而设计分析则多采用当地的观测值或事先规定的期望值。

（1）数据要求

交织区的规划和设计阶段分析需要的数据如下：

1）交织区长度限定范围，各出入口的个数、分布、车道数。

2）交织区交织车辆与非交织车辆的流率大小，期望的服务水平等级。

3）在分析路段地形条件的基础上，假设车道数、车道宽度、侧向净空宽度和自由流速度。

4）设计小时交通量，假设交通流特性，如交通组成，15min 高峰小时系数以及驾驶员总体特征。

设计分析和规划分析相比，规划分析的数据要求相对较宏观，通常使用手册推荐的默认值或当地的默认值；同时，常用 *AADT* 计算某方向的 *DDHV*，且利用预测的交通组成进行分析计算。

（2）分析步骤

规划和设计阶段分析的基本思路是按照假设、分析、对比的步骤来进行的。

首先，按照规划和设计的基本条件，对交织区运行状况的分析参数进行假设，特别是交织区构型、交织区长度和车道数，通常假设多套分析参数。

其次，利用交织区运行状况分析方法，确定各假设条件下交织区的运行状况。

最后，对比分析各假设条件下的运行状态，包括交织和非交织车辆的速度、交织区运行的受约束状态、交织比、可能达到的服务水平等级、工程造价等，选择最优的运行条件，作为规划和设计的结果。如果假设条件都不能达到期望的服务水平，则重新假设分析参数，直到达到期望的服务水平。

值得注意的是，规划和设计阶段分析过程中，往往由于基本条件比较宽松，得到的规划和设计结果不是唯一的，也就是得到了多种可行的规划或设计方案。尽管没有得到确定的答案，但是这样的分析却为决策者提供了一定的决策信息。

5.3.2　现状运营阶段分析

根据已知的道路条件和交通条件，计算现有或改建交织区的服务水平。运行状况分析可以用来评价交织区运行状况，或采取某些改造措施后产生的效果，也可以用来评价交织区的设计方案。

（1）数据要求

1）高峰小时交通量。

2）交通特性，包括交通组成、交织和非交织的交通流率、高峰小时系数以及驾驶员总体特征。

3）道路特性，包括交织长度、结构类型、地形条件、车道数和自由流速度等。

（2）分析步骤

交织区的运行状况分析实际上就是其服务水平分析，分析步骤如图 5-7 所示。

1）确定交织区交通运行参数。

确定分析交织区的道路与交通条件。式中，道路条件包括交织区长度、车道数、构造型式以及坡度条件等；交通条件包括交织流量和非交织流量、交织区上游快速路基本路段的自由流速度等。

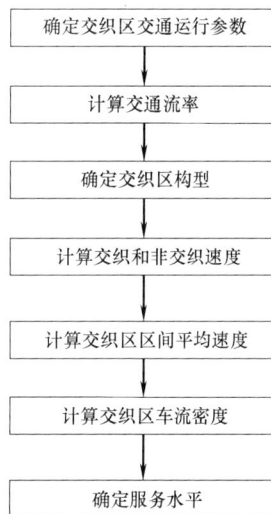

确定交织区交通运行参数

↓

计算交通流率

↓

确定交织区构型

↓

计算交织和非交织速度

↓

计算交织区区间平均速度

↓

计算交织区车流密度

↓

确定服务水平

图 5-7　交织区通行
能力分析步骤

2）计算交通流率

由于交织区服务水平分析采用的是高峰 15min 流量折算的流率，因此，在利用本章的分析方法之前，必须按照式（5-2）将各小时交通量换算为高峰小时流率。

3）确定交织区构型

实际条件下的交织区型式一般通过交织区型式的定义判断即可。

4）计算交织和非交织速度

当确定了交织构型后，查相应的 a、b、c、d 值，把其他已知条件代入式（5-4），即可确定相应的交织与非交织速度。

5）计算交织区区间平均速度 V

当得到交织与非交织车流速度及其运行状态后，按照式（5-5）来计算交织区内所有车辆的区间平均速度。

6）计算交织区车流密度 K

按照式（5-6）计算交织区内所有车辆的车流密度。

7）确定服务水平

根据计算的车流密度 K，对照表 5-3，确定交织区的服务水平等级。

5.4 实践算例

5.4.1 算例 5-1——匝道交织区的运行状态分析

已知：有如图 5-8 所示的城市快速路匝道交织区，并且 A—C 流量 = 4000pcu/h，A—D 流量 = 300pcu/h，B—C 流量 = 600pcu/h，B—D 流量 = 100pcu/h；快速路自由流速度 V_f = 80km/h；交织段长度 L = 300m。

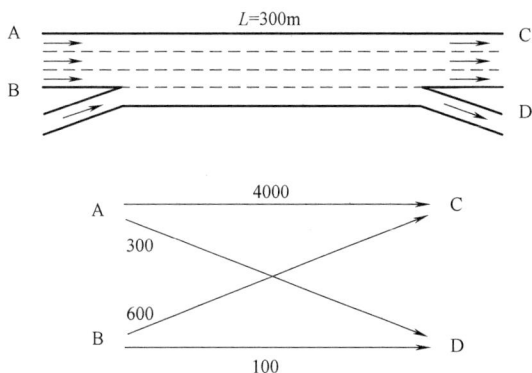

图 5-8 算例 5-1 交织区结构形式及主要参数

求解：该交织区的服务水平与通行能力。

分析步骤：

（1）确定交织区交通运行参数。

已知 $L=300\text{m}$，$N=4$，$V_\text{f}=80\text{km/h}$。

（2）计算交通流率。

交织段内总的交织流率：$Q_\text{w}=Q_\text{BC}+Q_\text{AD}=600+300=900\text{pcu/h}$

交织段内总的非交织流率：$Q_\text{Nw}=Q_\text{AC}+Q_\text{BD}=4000+100=4100\text{pcu/h}$

总的交通流率：$Q=Q_\text{w}+Q_\text{Nw}=900+4100=5000\text{pcu/h}$

交织流量比：$Q_\text{R}=Q_\text{w}/Q=900/5000=0.18$

（3）确定交织区构型。

根据交织区构型特征确定交织区属于 A 型。

（4）计算交织车辆运行速度 V_w 和非交织车辆运行速度 V_Nw。

由交织区属于 A 型，查表 5-5，可得计算交织强度系数计算常数 a、b、c、d 的值，按照式（5-4）得，

$$交织车辆平均车速：V_\text{w}=24+\cfrac{80-16}{1+\cfrac{0.356(1+0.18)^{5.3}(5000/4)^{0.68}}{(3.28\times300)^{0.8}}}=$$

68.4km/h

$$非交织车辆平均车速：V_\text{nw}=24+\cfrac{80-16}{1+\cfrac{0.049(1+0.18)^{2.4}(5000/4)^{0.867}}{(3.28\times300)^{0.75}}}=$$

77.3km/h

（5）计算交织区区间平均速度 V。

根据式（5-5）计算交织区区间平均速度：

$$V=\cfrac{Q}{\left(\cfrac{Q_\text{w}}{V_\text{w}}\right)+\left(\cfrac{Q_\text{Nw}}{V_\text{Nw}}\right)}=\cfrac{5000}{\left(\cfrac{900}{68.4}\right)+\left(\cfrac{4100}{77.3}\right)}=75.5\text{km/h}$$

（6）计算交织区车流密度。

根据式（5-6）计算交织段车流密度：

$$K=\cfrac{(Q/N)}{V}=\cfrac{(5000/4)}{75.5}=16.6\text{pcu/km/ln}$$

（7）确定服务水平。

查表 5-3 可知：一级服务水平的临界密度为 7.0pcu/(km·ln)，二级服务水平的最大临界密度为 18.0pcu/(km·ln)，因此该交织区为二级服务水平。

（8）确定通行能力。

已知该交织区类型为 A 型，4 车道，交织段长度 300m，流量比 $Q_\text{R}=0.18$，查表 5-4 可知，Q_R 为 0.1 时，通行能力为 8150pcu/(km·ln)，Q_R 为 0.2 时，通行能力为 7700pcu/(km·ln)，按 $Q_\text{R}=0.18$ 代入可得：

$$C=7700+\frac{8150-7700}{0.2-0.1}\times(0.2-0.18)=7790\text{pcu/h}$$

结果：该交织段在高峰小时内将运行于二级服务水平，交织段内的车

流密度为 16.6pcu/km/ln，估算通行能力为 7790pcu/h。

快速路交织区分析表　　　　　　　　　　　　　　　　　　表 5-6

快速路交织区分析表

一般信息

分析员：	分析路段名称：
作业日期：	分析路段等级：
作业时段：	行驶方向：

输入

$L=300\text{m}$

A ──────── C
B ════════ D

A ──4000pcu/h──→ C
300pcu/h ╲╱
600pcu/h ╱╲
B ──100pcu/h──→ D

自由流速度 $V_f=80\text{km/h}$
交织区车道数 $N=4$
交织区长度 $L=300\text{m}$
交织构型 ☑ A 型 ☐ B 型 ☐ C 型
交织流量比 $Q_R=Q_w/Q=0.18$

高峰小时小客车流率

pcu/h	$Q(\text{pcu/h})$	PHF	%中型车、%大型车	f_{HV}	f_P	$SF=\dfrac{Q}{PHF\times f_{HV}\times f_P}$
Q_{01}						4000
Q_{02}						100
Q_{w1}						300
Q_{w2}						600

交织和非交织速度

	交织 $i=w$	非交织 $i=Nw$
a（表 5-5）	0.356	0.049
b（表 5-5）	5.3	2.4
c（表 5-5）	0.68	0.867
d（表 5-5）	0.8	0.75
$V_i=24+\dfrac{V_f-16}{1+\dfrac{a(1+Q_R)^b\left(\dfrac{Q}{N}\right)^c}{(3.28L)^d}}$	68.4km/h	77.3km/h

交织区速度、车流密度、服务水平和通行能力

交织区速度 $V=\dfrac{Q}{\left(\dfrac{Q_w}{V_w}\right)+\left(\dfrac{Q_{Nw}}{V_{Nw}}\right)}$	75.5km/h
车流密度：$K=\dfrac{\left(\dfrac{Q}{N}\right)}{V}$	16.6pcu/(km·ln)
服务水平	二级
实际通行能力 $C_R=C\times f_P\times f_{HV}\times PHF$	7790pcu/h

5.4.2　算例 5-2——匝道交织区的运行状态分析

已知：有如图 5-9 所示的城市快速路的交织区（上海南北高架海宁路出口上端一段），并且 A—C 流量为 4577veh/h，A—D 流量为 1314veh/h，B—C 流量为 1279veh/h，B—D 流量为 518veh/h；该地区高峰小时系数 $PHF=0.92$；驾驶员为熟悉道路的职业驾驶员；自由流速度 $V_f=72$km/h；交通组成中包括 4% 的中型车、1% 的大型客车，其余为小客车；交织区长度 $L=150$m。

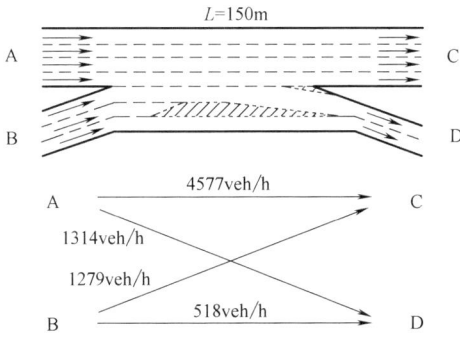

图 5-9　算例 5-2 交织区结构形式及主要参数

求解：该交织区的服务水平与通行能力。

分析步骤：

（1）确定交织区交通运行参数。

已知 $L=150$m，$N=6$，$V_f=72$km/h。

（2）计算交通流率。

1）由于驾驶员为熟悉道路的职业驾驶员，所以取 $f_P=1.000$。

2）由于交通组成中有 4% 的大型车和中型车，1% 的铰接车，且 $V_f=72$km/h，查表 3-5，可得各种车型的小客车当量值，$E_{中型车}=1.5$，$E_{大型客车}=2.0$。按照快速路基本路段的公式计算交通组成修正系数，得：

$$f_{HV}=\frac{1}{1+0.04(1.5-1)+0.01(2-1)}=0.97$$

3）根据公式（5-2），计算高峰小时流率。

$$Q_{AC}=\frac{4577}{0.92\times0.97\times1.000}=5129\text{pcu/h}$$

$$Q_{AD}=1472\text{pcu/h}$$

$$Q_{BC}=1433\text{pcu/h}$$

$$Q_{BD}=580\text{pcu/h}$$

交织区内总的交织流率：$Q_w=Q_{AD}+Q_{BC}=1472+1433=2905\text{pcu/h}$

交织区内总的非交织流率：$Q_{Nw}=Q_{AC}+Q_{BD}=5129+580=5709\text{pcu/h}$

交织区内总的交通流率：$Q=Q_w+Q_{Nw}=2905+5709=8614\text{pcu/h}$

交织流量比：$Q_R = Q_w/Q = 2905/8604 = 0.34$。

（3）确定交织区构型。

根据交织区构型特征确定交织区属于 A 型。

（4）计算交织车辆运行速度 V_w 和非交织车辆运行速度 V_{Nw}。

由交织区属于 A 型，查表 5-5，可得计算交织强度系数计算常数 a、b、c、d 的值，按照式（5-4）得，

交织车辆平均车速：

$$V_w = 24 + \cfrac{72-16}{1 + \cfrac{0.356\,(1+0.34)^{5.3}\left(\dfrac{8614}{6}\right)^{0.68}}{(3.28\times150)^{0.8}}} = 45.1\text{km/h}$$

非交织车辆平均车速：

$$V_{nw} = 24 + \cfrac{72-16}{1 + \cfrac{0.049\,(1+0.34)^{2.4}\left(\dfrac{8614}{6}\right)^{0.867}}{(3.28\times150)^{0.75}}} = 60.9\text{km/h}$$

（5）计算交织区区间平均速度 V。

根据式（5-5）计算交织区区间平均速度：

$$V = \frac{Q}{\left(\dfrac{Q_w}{V_w}\right) + \left(\dfrac{Q_{Nw}}{V_{Nw}}\right)} = \frac{8614}{\left(\dfrac{2905}{45.1}\right) + \left(\dfrac{5709}{60.9}\right)} = 54.5\text{km/h}$$

（6）计算交织区车流密度。

根据式（5-6）计算交织段车流密度：

$$K = \frac{\left(\dfrac{Q}{N}\right)}{V} = \frac{\left(\dfrac{8614}{6}\right)}{54.5} = 26.3\text{pcu/(km·ln)}$$

（7）确定服务水平。

查表 5-3 可知：该交织区服务水平处于四级服务水平。

（8）确定通行能力。

由于该交织区为 A 型，6 车道，$L = 150\text{m}$，查表 5-4 可知，最大交织流量比是 0.2，此时，通行能力为 11030pcu/h。

结果：该交织段在高峰小时内的运行状况属于四级服务水平，交织段内的车流密度为 26.3pcu/km/ln，估算通行能力为 11030pcu/h。

当流量比为 0.34 时，已经超出了该类型设施的最大建议值，实际运行将会很糟，实际情况下通行能力也不可能大于 11030pcu/h。因此，改善交通运行的一种方法是在 D 引道出口匝道处增加一条车道从而将构造类型改为 B 型。

快速路交织区分析表 表 5-7

快速路交织区分析表

一般信息

分析员：	分析路段名称：
作业日期：	分析路段等级：
作业时段：	行驶方向：

输入

自由流速度 $V_f = 72$km/h
交织区车道数 $N = 6$
交织区长度 $L = 50$m
交织构型 ☑A 型 ☐B 型 ☐C 型
交织流量比 $Q_R = Q_w / Q = 0.34$

高峰小时小客车流率

pcu/h	Q(pcu/h)	PHF	%中型车、 %大型车	f_{HV}	f_P	$SF = \dfrac{Q}{PHF \times f_{HV} \times f_P}$
Q_{01}	4577	0.92	4、1	0.97	1.0	5129
Q_{02}	518	0.92	4、1	0.97	1.0	580
Q_{w1}	1314	0.92	4、1	0.97	1.0	1472
Q_{w2}	1279	0.92	4、1	0.97	1.0	1433

交织和非交织速度

	交织 $i = w$	非交织 $i = Nw$
a(表 5-5)	0.356	0.049
b(表 5-5)	5.3	2.4
c(表 5-5)	0.68	0.867
d(表 5-5)	0.8	0.75
$V_i = 24 + \dfrac{V_f - 16}{1 + \dfrac{a(1 + Q_R)^b (Q/N)^c}{(3.28L)^d}}$	45.1km/h	60.9km/h

交织区速度、车流密度、服务水平和通行能力

交织区速度 $V = \dfrac{Q}{\left(\dfrac{Q_w}{V_w}\right) + \left(\dfrac{Q_{Nw}}{V_{Nw}}\right)}$	54.5km/h
车流密度：$K = \dfrac{(Q/N)}{V}$	26.3pcu/(km・ln)
服务水平	四级服务水平
实际通行能力 $C_R = C \times f_P \times f_{HV} \times PHF$	11030pcu/h

5.5 附录 快速路交织区分析表

<table>
<tr><td colspan="7" align="center">快速路交织区分析表</td></tr>
<tr><td colspan="7">一般信息</td></tr>
<tr><td colspan="4">分析员：
作业日期：
作业时段：</td><td colspan="3">分析路段名称：
分析路段等级：
行驶方向：</td></tr>
<tr><td colspan="7">输入</td></tr>
<tr><td colspan="4"></td><td colspan="3">自由流速度 $V_f=$___ km/h
交织区车道数 $N=$___
交织区长度 $L=$___ m
交织构型　□A 型　□B 型　□C 型
交织流量比 $Q_R=Q_w/Q=$___</td></tr>
<tr><td colspan="7">高峰小时小客车流率</td></tr>
<tr><td>pcu/h</td><td>Q(pcu/h)</td><td>PHF</td><td>%中型车、
%大型车</td><td>f_{HV}</td><td>f_P</td><td>$SF=\dfrac{Q}{PHF\times f_{HV}\times f_P}$</td></tr>
<tr><td>Q_{01}</td><td></td><td></td><td></td><td></td><td></td><td></td></tr>
<tr><td>Q_{02}</td><td></td><td></td><td></td><td></td><td></td><td></td></tr>
<tr><td>Q_{w1}</td><td></td><td></td><td></td><td></td><td></td><td></td></tr>
<tr><td>Q_{w2}</td><td></td><td></td><td></td><td></td><td></td><td></td></tr>
<tr><td colspan="7">交织和非交织速度</td></tr>
<tr><td colspan="2"></td><td colspan="2" align="center">交织 $i=w$</td><td colspan="3" align="center">非交织 $i=Nw$</td></tr>
<tr><td colspan="2">a（表 8-3）</td><td colspan="2"></td><td colspan="3"></td></tr>
<tr><td colspan="2">b（表 8-3）</td><td colspan="2"></td><td colspan="3"></td></tr>
<tr><td colspan="2">c（表 8-3）</td><td colspan="2"></td><td colspan="3"></td></tr>
<tr><td colspan="2">d（表 8-3）</td><td colspan="2"></td><td colspan="3"></td></tr>
<tr><td colspan="2">$V_i=24+\dfrac{V_f-16}{1+\dfrac{a(1+Q_R)^b(Q/N)^c}{(3.28L)^d}}$</td><td colspan="2" align="center">km/h</td><td colspan="3" align="center">km/h</td></tr>
<tr><td colspan="7">交织区速度、车流密度、服务水平和通行能力</td></tr>
<tr><td colspan="4">交织区速度 $V=\dfrac{Q}{\left(\dfrac{Q_w}{V_w}\right)+\left(\dfrac{Q_{Nw}}{V_{Nw}}\right)}$</td><td colspan="3">___ km/h</td></tr>
<tr><td colspan="4">车流密度：$K=\dfrac{(Q/N)}{V}$</td><td colspan="3">___ pcu(km·ln)</td></tr>
<tr><td colspan="4">服务水平</td><td colspan="3"></td></tr>
<tr><td colspan="4">实际通行能力 $C_R=C\times f_P\times f_{HV}\times PHF$</td><td colspan="3">___ pcu/h</td></tr>
</table>

第 6 章
信号交叉口通行能力分析

6.1 本章引言

本章介绍信号交叉口通行能力计算和服务水平分析方法。该分析方法建立在已有或已规划信号配时方案的基础上，涉及车道组通行能力、入口引道通行能力、交叉口饱和度、交叉口运行延误等多方面的研究内容，可用于对信号交叉口交通渠化及信号配时方案进行评价，提出改进方案。

6.1.1 基本概念

信号交叉口通行能力是指在特定的道路、交通和信号控制条件下，在特定时间段内，车道组、入口引道或交叉口的饱和流率，单位为 pcu/h，通常取 15min 为分析时段。一条直行车道饱和流率是信号交叉口通行能力分析的基本单位，可以在此基础上计算得到车道组、入口引道和交叉口的通行能力。

（1）影响因素

信号交叉口通行能力与服务水平的影响因素可分为：道路几何条件、交通条件和信号控制条件。

道路几何条件主要包括车道数、车道宽度、入口引道坡度等。道路几何条件对信号交叉口车辆运行速度有重要影响，同时影响车流的车头时距，从而对车道通行能力产生影响。

交通条件主要指交叉口每一入口引道上每一流向的交通流量（当过饱和时，用需求流量表示）及车流交通组成。车辆之间相互干扰也是影响交通流运行的重要原因。

信号控制条件主要包括信号周期长度和信号配时方案。信号控制条件确定了信号交叉口内交通流在时间上的运行规则。信号相位设计与道路条件的配合，决定了交叉口交通运行的效率。

常见信号交叉口通行能力及服务水平分析因素见表 6-1 所列。

影响因素　　　　　　　　　　表 6-1

条件分类	参数,表示符号,单位
几何条件	车道数,N 平均车道宽度,W,m 坡度,G,% 专用左转(LT)/右转车道(RT) 左转车道(LT)或右转车道(RT)长度,L_s,m 转弯半径,m
交通条件	流向需求交通量,v,pcu/h 基本饱和流率,S_0,pcu/(h·ln) 高峰小时系数,PHF 交通组成,% 行人和自行车干扰程度
信号条件	周期长度,C,s 绿灯时间,G,s 黄灯+全红+清空间隔,Y,s 分析周期,T,h

（2）车道组划分

车道组的划分是信号交叉口分析的基础。将同一流量或同一相位条件下的车流划分为一个车道组进行分析，既可以精简分析过程，也能够保证分析精度。根据目前我国城市道路信号交叉口每个入口引道的各流向交通控制情况，按照以下形式对每个入口引道车道组进行划分：

1）如果存在左转或者右转专用车道，将每个入口引道所有左转或者右转专用车道作为一个独立的车道组。

2）如果存在左直或右直混行车道，则必须在明确该车道内不同流向比例的基础上，才能确定车道组的划分。如果转向车流比例接近 1.0，则该车道应该作为专用转向车道进行分析；否则仍可按照左直或右直混行车道处理，同时考虑左转车流的影响系数。

3）在满足 1）和 2）条件的基础上，将其余的所有车道作为一个车道组。

基于以上原则，对于有 2 个或多个车道的车道组，其车道组的划分方法可能不是唯一的，还需要考虑如何划分才能使问题更加清晰。表 6-2 给出了一些车道组划分的例子，可以说明以上车道组的划分原则。

典型的车道组划分实例　　　　　　　　　　表 6-2

车道数	入口引道中流向分布	车道组划分方案
1	左直右混行的单车道引道	1 个车道组
2	左转专用+直右混行	2 个车道组

续表

车道数	入口引道中流向分布	车道组划分方案
2	左直混行＋直右混行或 左转专用＋直右混行	2个车道组 或 2个车道组
3	左转专用＋直行车道＋直右混行或 左转专用＋直行车道＋右转专用	3个车道组 或 3个车道组

此外，在我国城市道路中，大多路口都采用拓宽的方式设置转向车道。因此，在分析信号交叉口运行时应考虑入口引道拓宽对运行的影响，并应结合拓宽车道功能进行车道组划分。

在分析信号交叉口的通行能力和服务水平过程中，常用到以下名词术语：

相位：在一个或几个间隔期间，分配给任何获得通行权方向上车流的通行时间。

周期：完整地显示各相位信号的过程。

周期长度：完成各相位信号显示所需的总时间，单位 s，记为 C。

绿灯时间：绿灯相位所持续的时间，以 s 为单位，记为 G_i（这里指相位 i 的绿灯时间）。

转换间隔时间：某相位的绿灯信号结束与下一相位的绿灯信号开始之间的时间间隔。通常显示为黄灯信号，或者各方向都显示为红灯信号。

损失时间：未能供车辆有效利用的时间，以 s 为单位，记为 l。损失时间包括：转换间隔时间和每次绿灯开启时，车辆启动的损失时间。

有效绿灯时间：在给定相位中，获得通行权的车辆能够有效利用的时间。有效绿灯时间等于绿灯时间加上转换间隔时间再减去损失时间。以 s 为单位，记作 g_i（这里指相位 i 的有效绿灯时间）。

绿信比：有效绿灯时间与周期长度之比，记作 g_i/C（这里指相位 i 的绿信比）。

有效红灯时间：有效地禁止车辆行驶所持续的时间，单位为 s，记为

r_i。有效红灯时间等于周期长度减去给定相位的有效绿灯时间。

车道组：一个或多个流向的交通流所在的一条或多条车道，这是信号交叉口通行能力分析的基本单位。

入口引道：交叉口中某方向的所有进口车道。

饱和流率：在特定的道路、交通和信号控制条件下，特定的绿灯时间段内，车队连续以最小平均车头时距通过停车线时的有效绿灯小时交通流率，单位为 pcu/h，记作 S_i（这里指车道组 i 的饱和流率）。

6.1.2 适用条件

本节通行能力分析方法适用于城市内部具有完整信号配时方案的建成信号交叉口，或具有规划信号配时方案的拟建信号交叉口。

6.1.3 限制条件

本节通行能力分析方法建立在正常交通流运行条件下，不适合交通违章、交通事故、不良天气等条件下的通行能力分析。

6.2 分析方法

信号交叉口通行能力和服务水平分析流程如图 6-1 所示，该分析方法以车道组为基本单位进行，在清楚地分析各个流向交通运行状况的基础上，整体把握整个信号交叉口的运行状况。另外，与其他交通设施不同的是，信号交叉口饱和度和服务水平均不能单独反映其运行状况，需要同时分析饱和度和服务水平，才能完整地掌握交叉口的交通运行状况。

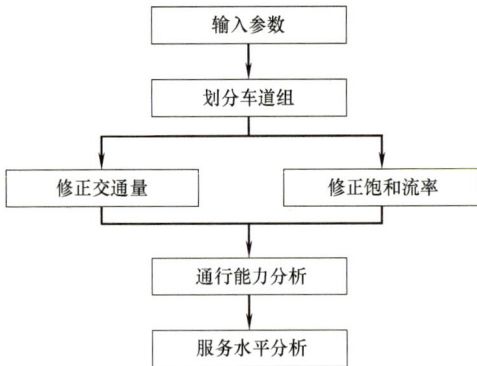

图 6-1 信号交叉口分析方法

6.2.1 服务水平

本书中以延误指标作为信号交叉口服务水平的分级参数，具体分级标准见表 6-3 所列。

服务水平	每辆车的平均延误(s/pcu)
一级	$\leqslant 10$
二级	$10\sim 35$
三级	$35\sim 60$
四级	$60\sim 80$
五级	$\geqslant 80$

信号交叉口服务水平分级标准　　　　表 6-3

需要注意的是，用于服务水平分级的延误指标指的是整个交叉口的车辆平均延误。影响信号交叉口延误的因素相当复杂，与许多变量有关，包括相关车道组的饱和度、入口引道交通流率、信号的周期长度、绿信比等。对于给定的信号交叉口可以根据本节给出的计算方法估计整个信号交叉口的车辆平均延误值，也可以采用现场测定的方法，具体的测量方法见附录 6-1。当整个交叉口的车辆平均延误确定后，则可对照表 6-1，确定信号交叉口的服务水平。

6.2.2 确定流率

在信号交叉口通行能力和服务水平分析过程中，常选择高峰时段作为分析时段，取 15min 作为采样间隔。此外，在分析方法中，交通需求常用平均流率表示。因此，通常需要将高峰小时交通量转换为 15min 高峰小时的交通量。可以按式（6-1）进行转换：

$$SF_i = \frac{Q_i}{PHF_{15}} \qquad (6-1)$$

式中　SF_i——车道组 i 的 15min 高峰小时交通量，pcu/h；

　　　Q_i——车道组 i 的高峰小时交通量，pcu/h；

　PHF_{15}——15min 高峰小时系数。

6.2.3 计算饱和流率

信号交叉口饱和流率是假定入口引道在全绿灯的条件下（即绿信比 $g_i/C=1.0$），所能通过的最大流量，单位为 pcu/h。在本章介绍的方法中，车道组的饱和流率是在一条直行车道的基本饱和流率的基础上修正得到的，其计算公式见式（6-2）。

$$S_i = S_T \times N \times f_{HV} \times f_W \times f_G \times f_{lu} \times f_{LT} \times f_{RT} \times f_{sf} \times f_{lt} \qquad (6-2)$$

式中　S_i——车道组 i 的实际饱和流率，pcu/h；

　　　S_T——一条直行车道的基本饱和流率，通常取 1800pcu/h；

　　　N——车道组 i 中的行车道数量；

　f_{HV}——交通组成修正系数；

　f_W——车道宽度修正系数；

f_G——引道坡度修正系数；

f_{lu}——车道利用修正系数；

f_{LT}——左转修正系数；

f_{RT}——右转修正系数；

f_{sf}——冰雪天气影响修正系数；

f_{fr}——横向干扰修正系数。

（1）交通组成修正系数 f_{HV}

不同的交通组成对直行车队的最小平均车头时距有显著的影响，同时影响饱和流率和通行能力。可用式（6-3）计算交通组成修正系数 f_{HV}，量化交通组成对饱和流率和通行能力的影响。

$$f_{HV} = \frac{1}{1 + \sum p_i (E_i - 1)} \tag{6-3}$$

式中　p_i——车型 i 的交通量占总交通量的百分比，其中车型分类包括小型车、中型车、大型客车、大型货车和铰接车；

E_i——车型 i 的车辆折算系数，各车型车辆折算系数取值见表 6-4 所列。

车辆折算系数　　　　　　　　　　　　　　　　表 6-4

车辆类型	小型车	中型车	大型客车	大型货车	铰接车
换算系数	1.0	1.5	2.0	2.5	3.0

（2）车道宽度修正系数 f_W

对于一般城市道路，标准车道宽为 3.5m。狭窄车道降低车流运行速度，影响饱和流率；而宽车道能保证车流快速运行，提升交通流率。车道宽度对饱和流率的修正系数按式（6-4）计算。

$$f_W = 1 + \frac{W - 3.50}{6.56}, 2.80\text{m} \leqslant W \leqslant 3.90\text{m} \tag{6-4}$$

式中　f_W——车道宽度修正系数；

W——单条行车道宽度，m。

车道宽度系数 f_W 只用于直行车道组，对于左转车道组或右转车道组，车道宽度的影响需要与转弯半径的影响一起分析。

（3）入口引道坡度修正系数 f_G

入口引道坡度对车辆启动速度及运行速度都有很大影响，入口引道坡度对饱和流率的修正系数按式（6-5）计算。

$$f_G = 1 - \frac{G}{100}, -0.8 \leqslant G \leqslant 8.0 \tag{6-5}$$

式中　f_G——车道宽度修正系数；

G——入口引道坡度，%。

（4）车道利用修正系数 f_{lu}

在多于一条车道的车道组内各车道间交通量分布具有不均匀性，即车道利用程度不同。按式（6-6）量化车道利用对饱和流率的影响。

$$f_{lu}=\frac{v_i}{Nv_{i\max}} \qquad (6\text{-}6)$$

式中　f_{lu}——车道利用修正系数；

　　　N——车道组 i 中包含的车道数；

　　　v_i——车道组 i 内交通流率，pcu/h；

　　$v_{i\max}$——车道组 i 各车道中，最大的交通流率，pcu/h。

当进口设有专用双左转车道，即两个左转车道构成一个车道组（$N=$ 2）时，根据实际调查数据，推荐采用车道利用修正系数 $f_{lu}=0.95$；当进口设有专用三个左转车道，即三个左转车道构成一个车道组（$N=3$）时，推荐采用车道利用修正系数 $f_{lu}=0.90$。

（5）左转修正系数 f_{lt}

对于直行车道组或右转车道组，左转修正系数 $f_{lt}=1.0$；

对于专用左转车道组，左转饱和流率不仅受车道宽度的影响，还受转弯半径的影响。左转修正系数 f_{lt} 可按表 6-5 取值。

左转修正系数 f_{lt}　　　　　　　　　　　　　　　　表 6-5

转弯半径(m) 车道宽度(m)	20	25	30	35	40	45	≥50
2.75	0.79	0.82	0.85	0.88	0.91	0.94	0.97
3.00	0.81	0.84	0.87	0.90	0.93	0.96	0.99
3.25	0.82	0.86	0.89	0.92	0.95	0.98	1.01
3.50	0.84	0.87	0.91	0.94	0.97	1.00	1.03
3.75	0.86	0.89	0.93	0.96	0.99	1.02	1.05
4.00	0.88	0.91	0.94	0.98	1.01	1.04	1.07

对于直左混行车道，左转修正系数则按式（6-7）计算：

$$f_{lt}=1/[1.0+(T_L-1.0)P_L] \qquad (6\text{-}7)$$

式中　T_L——左转车车头时距与直行车车头时距之比，缺省值为 1.10；

　　　P_L——左转车比例，%。

（6）右转修正系数 f_{rt}

对于直行车道组或专用左转车道组，右转修正系数 $f_{rt}=1.0$；

对于右转专用车道，右转饱和流率不仅受车道宽度的影响，还受转弯半径的影响。右转修正系数 f_{rt} 可按表 6-6 确定。

右转修正系数 f_{rt}　　　　　表 6-6

车道宽度(m) ＼ 转弯半径(m)			20	25	30	35	40	45	≥50
2.75	0.68	0.72	0.76	0.80	0.84	0.88	0.92	0.96	1.00
3.00	0.70	0.74	0.78	0.82	0.86	0.90	0.94	0.98	1.02
3.25	0.72	0.76	0.80	0.84	0.88	0.92	0.96	1.00	1.04
3.50	0.74	0.78	0.82	0.86	0.90	0.94	0.98	1.02	1.06
3.75	0.76	0.80	0.84	0.88	0.92	0.96	1.00	1.04	1.08
4.00	0.78	0.82	0.86	0.90	0.94	0.98	1.02	1.06	1.10

对于直右混行车道，右转修正系数则按式（6-8）计算：

$$f_{rt}=1/[1.0+(T_R-1.0)P_R] \tag{6-8}$$

式中　T_R——右转车车头时距与直行车车头时距之比，缺省值为 1.15；

　　　P_R——右转车比例，%。

（7）冰雪天气影响修正系数 f_{sf}

冰雪条件对通行能力的影响程度与路面冰雪形态有关。按照冰雪形态可分为：冰雪融溶路面、部分压实雪路面、压实雪路面以及正常路面。不同冰雪形态路面下通行能力影响修正系数可按表 6-7 确定。

冰雪天气影响修正系数 f_{sf}　　　　　表 6-7

条件	冰雪融溶路面	部分压实雪路面		压实雪路面	正常路面
		厚	薄		
修正系数	0.85～0.95	0.70～0.80	0.75～0.85	0.80～0.90	1.00

（8）横向干扰修正系数 f_{fr}

当交叉口范围内路内有停放车辆、自行车以及停靠行人时，应当考虑这些因素的干扰。由于我国城市信号交叉口影响因素比较复杂，很难量化这些干扰因素。可视实际影响严重程度，选取合适的修正值，表 6-8 给出了横向干扰修正系数建议值。

横向干扰修正系数 f_{fr}　　　　　表 6-8

干扰等级	等级描述	修正系数 f_{fr}
1	轻微	＞0.95
2	较轻	0.85
3	中等	0.75
4	严重	0.65
5	非常严重	＜0.55

6.2.4　计算通行能力

（1）通行能力

信号交叉口通行能力是以交叉口入口引道车道组为基本单位计算的。对于给定的车道组，其通行能力计算如式（6-9）所示：

$$c_i = S_i \frac{g_i}{C} \qquad (6\text{-}9)$$

式中　c_i——车道组 i 或引道 i 的通行能力，pcu/h；

　　　S_i——车道组 i 或引道 i 的饱和流率，pcu/h；

　　　$\frac{g_i}{C}$——车道组 i 的绿信比。其中 g_i 为车道组 i 有效绿灯时间长度，

　　　　　单位为 s；C 为信号周期时间长度，单位为 s。

（2）车道组饱和度

信号交叉口的饱和度是用交通流率 v 与通行能力 c 之比定义的，可称为 v/c。对于给定的车道组 i，其饱和度 X_i 计算公式见式（6-10）。

$$X_i = \left(\frac{v}{c}\right)_i = \frac{v_i}{c_i} = \frac{v_i C}{S_i g_i} \qquad (6\text{-}10)$$

式中　X_i——车道组 i 或入口引道 i 的饱和度；

　　　v_i——车道组 i 或引道 i 的实际交通流率，pcu/h；

　　　c_i——绿灯小时条件下，车道组 i 或入口引道 i 的通行能力，

　　　　　pcu/h。

（3）信号交叉口关键车道组与关键 v/c

关键车道组是指在给定的信号相位，具有最高流率比 v/S 的车道组。一般地，同一个相位中，关键车道组比其他车道组需要分配更多的绿灯时长。每个相位都有一个关键车道组，用来确定该相位的绿灯时间。信号交叉口的关键 v/c 是定义在关键车道组流率比的基础上的，其计算公式见式（6-11）。

$$X_C = \sum_i \left(\frac{v}{S}\right)_{c_i} \times \left(\frac{C}{C-l}\right) \qquad (6\text{-}11)$$

式中　X_C——交叉口的关键 v/c；

$\sum_i \left(\dfrac{v}{S}\right)_{c_i}$——所有入口引道的关键车道组的流率比之和；

　　　C——一个信号周期长，s；

　　　l——一个信号周期总的损失时间，s。

式（6-11）可用于评价整个交叉口的几何线形和信号周期长度，也可用于评价信号配时方案。对于同一个信号周期，即使信号交叉口的关键 v/c 可能小于 1.00，也不能排除个别流向会出现过饱和的情况；但当关键 v/c 比小于 1.00 时，通过合理分配绿灯时间，可以使信号周期时长和相位适应于交叉口内所有流向。

在信号配时设计中，也要用到 X_C 值。然而，用 X_C 作为评价交叉口信号设计合理性的判断标准，也会产生错误。这是因为对低流率的情况来

说，为了使延误最小，需要缩短周期时长，而对一定水平的交通需求，式（6-11）表明，较短的周期长度，会导致较高的 X_C 值。此外，许多信号配时方法，都以一个给定的 X_C 值为目标，这样计算 X_C 值往往与需求交通量无关。

6.2.5 计算延误

信号交叉口车辆延误由两个原因造成：一是交通信号控制引起的延误，包括车辆等待时间、车辆加速和减速过程中的损失时间；二是车辆到达随机性或车辆过饱和引起的增量延误。因此，常用的延误公式有两项构成：均匀延误 d_1 和增量延误 d_2，见式（6-12）。本书中未考虑上游交叉口对来车分布的影响，因此式（6-12）中没有通常见到的交通延误修正系数。

$$d_i = d_1 + d_2 \qquad (6\text{-}12)$$

式中 d_i——车道组 i 中每辆车的平均延误，s/pcu；

     d_1——均匀延误，s/pcu；

     d_2——增量延误，假定在分析开始时无初始排队，s/pcu。

（1）均匀延误 d_1

均匀延误是假定交通流为稳定的，车辆均匀到达且没有初始排队的情况下车辆经历的平均延误。按式（6-13）计算：

$$d_1 = \frac{0.5C\left(1-\dfrac{g}{C}\right)^2}{1-\left[\min(1,X_i)\times\dfrac{g}{C}\right]} \qquad (6\text{-}13)$$

式中 C——信号周期长度，s；

     g——有效绿灯时间，s；

     X_i——车道组 i 的饱和度。

（2）增量延误 d_2

增量延误是由于车辆到达的随机性或持续的过饱和引起的延误。车辆到达随机性引起的延误是指车道组没有达到饱和状态、车辆到达和离开是平衡的状态时，延误的增加主要是由于个别信号周期"溢出"车辆引起的；过饱和引起的延误是由于车辆到达超过了通行能力，此时车辆经历的延误主要受前面排队车辆的影响。针对上述两种情况，分别计算增量延误。

当车道组 i 处于非饱和状态时，增量延误计算公式见（6-14）。

$$d_2 = \begin{cases} \dfrac{1.261\times(S_i\cdot g_i)^{-0.219}(X_i-0.5)}{v_i(1-X_i)}, & 0.5<X_i<0.95 \\[2mm] 0, & X_i\leqslant 0.5 \end{cases}$$

$$(6\text{-}14)$$

式中　v_i——车道组 i 的高峰小时流率，pcu/h；

　　　S_i——车道组 i 的饱和流率，pcu/h；

　其他参数的含义同前。

　当车道组 i 处于饱和状态时，增量延误计算公式见式（6-15）。

$$d_2 = 900T_a \left[\left(X_i - 1 - \frac{2\gamma}{c_i T_a} \right) + \sqrt{ \left(X_i - 1 - \frac{2\gamma}{c_i C} \right)^2 + \frac{8\gamma(X_i - X_0)}{c_i C} } \right],$$
$$X_i \geqslant 0.95 \tag{6-15}$$

式中　c_i——车道组 i 的通行能力，等于实际饱和流率 S_i 和该车道组的

　　　　　绿信比 g_i/C 的乘积，$c_i = S_i \dfrac{g_i}{C}$，pcu/h；

　　　T_a——分析时间段，h，通常取为 0.25h；

　　　γ——$1.439 \times (S_i \times g)^{-0.208}$；

　　　X_0——$X_0 = 0.67 + \dfrac{S_i \times g}{600}$；

　其他参数的含义同前。

（3）引道延误

　为了便于分析给定引道的服务水平，可按式（6-16）计算各引道的延误。

$$d_A = \frac{\sum d_i v_i}{\sum v_i} \tag{6-16}$$

式中　d_A——引道 A 的平均延误，s/pcu；

　　　d_i——车道组 i 的平均延误，s/pcu；

　　　v_i——车道组 i 的高峰小时流率，s/pcu。

（4）交叉口延误

　为评价整个交叉口的服务水平，可按式（6-17）计算整个交叉口的平均延误。

$$d = \frac{\sum d_A v_A}{\sum v_A} \tag{6-17}$$

式中　d——整个交叉口中每辆车的平均延误，s/pcu；

　　　d_A——引道 A 的平均延误，s/pcu；

　　　v_A——引道 A 的高峰小时流率，pcu/h。

6.2.6　信号配时

　定时控制条件下的信号配时是根据 Webster 模型计算得到的。该方法以交叉口总延误最小为目标。首先按照式（6-18）计算信号周期 T_C，然后根据式（6-19）计算每个相位的绿灯时间 T_g。

$$T_C = \frac{1.5 \times T_1 + 5}{1 - \sum X_{i\text{CRIT}}} \tag{6-18}$$

式中　T_C——信号周期长度，s；

　　　T_1——每一周期的损失时间，即未能供车辆有效利用的时间，s；

　　$X_{i\text{CRIT}}$——相位 i 中所有车道组的最大饱和度；

$\sum X_{i\text{CRIT}}$——信号周期内所有相位的最大饱和度值 $X_{i\text{CRIT}}$ 之和。

　　通常情况下，两相位信号交叉口的信号周期在 50s～80s 的范围内。如果信号周期小于这个值，交叉口很容易出现过饱和状况；如果信号周期过长，则必将导致交通流的平均延误增加。当 $\sum X_{i\text{CRIT}}$ 接近或超过 1.0 时，交叉口处于过饱和状态，这时上述公式的计算结果数值将很大或出现负数。

　　绿灯时长：

$$T_{gi} = (T_C - T_1) \times \frac{X_{i\text{CRIT}}}{\sum X_{i\text{CRIT}}} \tag{6-19}$$

式中　T_{gi}——相位 i 的绿灯显示时间，s；

　　其他参数的含义同前。

　　值得注意的是，绿灯时间的分配误差可能对信号交叉口的特性产生较大的影响，导致交叉口的延误增加。

6.3　应用流程

　　信号交叉口通行能力分析可以在规划设计和运行状况分析两个层次上进行，包括：

　　（1）已知交通和控制条件，为保持特定的服务水平等级，确定所需要的车道数量以及车道使用方案；

　　（2）已知道路、交通条件，为保持特定的服务水平等级，确定信号配时方案；

　　（3）已知道路和控制条件，为保持特定的服务水平等级，确定最大服务流率；

　　（4）已知道路、交通和信号控制条件，确定信号交叉口所处的服务水平等级。

　　以上四个方面的问题，除第四个可以根据分析流程图直接获得以外，其他三种都需要首先利用相应的方法得到相关的道路、交通或者控制条件后，以通行能力分析方法评价其运行状况，不满意则调整参数。之后，再次进行上述运行状况分析。采用迭代的方式，最终得到满意的结果。分析信号交叉口运行状况的方法是信号交叉口通行能力分析的基础，下面详细介绍运行状况分析方法的具体步骤。

6.3.1　数据要求

　　在分析信号交叉口运行状况时，需要以下数据作为已知条件：

（1）道路几何条件：各入口引道的车道数、每条车道的宽度、入口引道坡度、是否存在左转/右转专用车道；

（2）交通条件：每个流向的需求交通量、直行车道饱和流率、高峰小时系数、交通组成、各入口引道中非机动车和行人数量、路内停放车辆数等；

（3）信号条件：周期长度、信号相位、绿灯时间、损失时间、分析时间段。

6.3.2　分析步骤

如图 6-2 给出的信号交叉口通行能力的分析步骤所示，信号交叉口通行能力分析包括 6 个步骤，具体分析步骤说明如下：

（1）输入已知条件：明确用于分析信号交叉口通行能力的道路几何条件、交通条件和信号控制条件。

在运行状况分析中，多利用实测数据，详细的数据要求见表 6-1 所列。

在规划和设计分析中，需要注意的是：

1）需要计算车道数量和车道使用方案时，可以选择与路段相同的车道数，并按照表 6-2 进行车道功能划分，然后再利用运行状况分析方法；

2）需要确定信号配时方案时，可根据 Webster 模型，确定信号周期 T_C 和每个相位 i 的绿灯时间 T_{gi}，参见式（6-18）和式（6-19），然后再利用运行状况分析方法；

3）需要确定最大服务流率时，可用表 6-3 中相应等级服务水平的最大服务流率替代"直行车道饱和流率 S_T"即可。

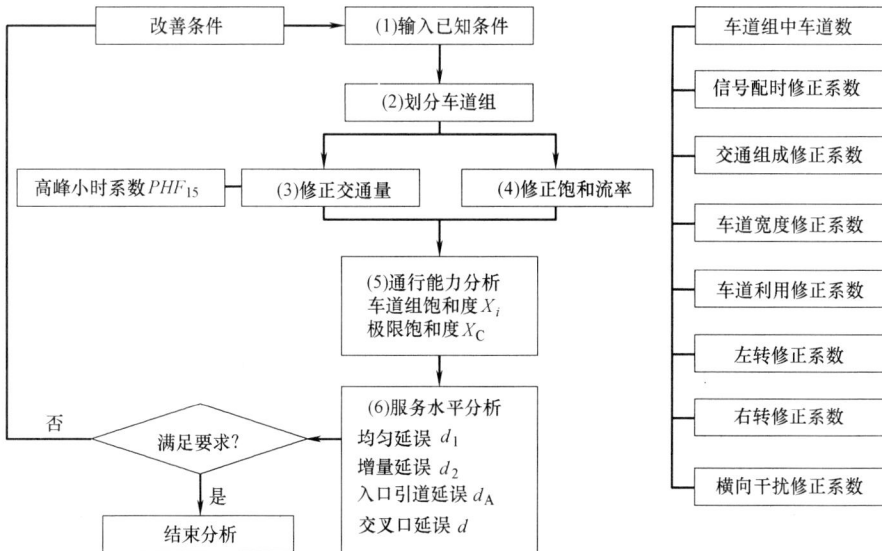

图 6-2　信号交叉口通行能力分析步骤

（2）划分车道组：按照表 6-2 提供的车道组划分原则，将每个入口引道的车道进行组别划分，建立交叉口通行能力分析的基本单元。

（3）修正交通量：利用实测交通量数据和 15min 高峰小时系数，按照式（6-1）计算得到特定时段的高峰小时交通量。如果是利用设计年限的年平均日交通量计算高峰小时交通量，则按照式（6-20）进行计算。

$$DDHV = AADT \times K \times K_D \qquad (6-20)$$

式中　$DDHV$——预测的单方向设计小时交通量，pcu/h；

　　　$AADT$——年平均日交通量，pcu/h；

　　　　　K——设计小时交通量系数，取值范围为 0.08～0.12；

　　　　K_D——方向不均匀系数，通常取 0.5，即按两个方向交通量无明显差异进行处理。

（4）修正饱和流率：

1）明确一条直行车道的饱和流率，通常该饱和流率为 1800pcu/h。当需要确定最大服务流率时，可用表 6-3 中相应等级服务水平的最大服务流率替代通常分析中所用的"直行车道饱和流率 S_{TH}"。

2）利用计算公式和本书提供的表格，得到各饱和流率修正系数。按照式（6-3）得到交通组成修正系数 f_{HV}；按照式（6-4）计算车道宽度修正系数 f_W；按照式（6-5）计算入口引道坡度修正系数 f_G；按照式（6-6）计算车道利用修正系数 f_{lu}；按式（6-7）计算左转修正系数 f_{lt}；按照式（6-8）计算右转修正系数 f_{rt}，如果流向比例未知可根据经验确定；按照路内停车、自行车和行人的综合干扰情况，根据表 6-8 可确定横向干扰系数 f_{fr}。

3）利用步骤 2）获得的各影响因素修正系数，按照式（6-2），计算实际道路、交通和控制条件下的饱和流率 Q_s。

4）重复步骤 2）、3），计算各入口引道中所有车道组的实际饱和流率。

（5）通行能力分析：

1）按照式（6-10）计算各入口引道中所有车道组的实际饱和度 X_i；

2）在各入口引道中选择饱和度最大的车道组作为关键车道组；

3）按照式（6-11）计算各入口引道中关键车道组的饱和度之和，得到信号交叉口的极限饱和度 X_C。

（6）服务水平分析：

1）按照式（6-13）计算各入口引道中所有车道组的均匀延误 d_1；

2）根据各入口引道组中所有车道组的饱和度大小，分别利用式（6-14）或式（6-15）计算各车道组的增量延误 d_2；

3）按照式（6-12）计算各入口引道中所有车道组的平均延误 d_i；

4）按照式（6-16）计算各入口引道的平均延误 d_A；

5）按照式（6-17）计算信号交叉口的平均延误 d；

6）根据信号交叉口平均延误 d，对比表 6-3 中的服务水平分级标准，确定该信号交叉口的服务水平。

按照规划、设计或运行状况的要求，或者对照第 6.3.3 节提供的原则，检查当前的运行状况是否满足要求，如果已经满足，则停止分析；如果不能满足要求，则按照第 6.3.3 节提供的改善方法，调整当前的道路、信号控制条件，重新进行运行状况分析，直到满足要求。

6.3.3 运行状况分析及改进

信号交叉口的规划和设计分析，通常需要经过几次迭代计算才能得到最后的结果。当运行状况已经得到初步的结果时，往往需要对车道组和交叉口的饱和度、平均延误以及服务水平进行分析，在不满足要求时，针对当前条件下出现的问题，提出相应的改进方案，并重新进行新一轮的运行状况分析。

常见的运行状况存在两方面的问题：（1）个别车道组或者是整个交叉口的饱和度过大；（2）个别车道组或者是整个交叉口的平均延误过大，导致服务水平较低。为此，可分别做如下的方案调整：

（1）饱和度过大的改善措施

1）若信号交叉口的极限饱和度 X_C 小于 1.00，但个别车道组的饱和度 X_i 却大于 1.00，或者是不同相位中关键车道组的饱和度差别较大，这些情况通常都是由于信号配时不合理导致的，可以调整各相位的绿灯时间，使各车道组的饱和度相对平衡。

2）若左转车流导致其他车道组的饱和流率大幅度减少，则应将该入口引道中的左转车流采用保护相位，以减少左转车流对其他车流的影响。

3）在设计分析中，若信号交叉口的极限饱和度 X_C 小于 1.00，而某入口引道中关键车道组的饱和度处于 0.9 到 0.95 之间，则说明该车道组可负担额外交通需求量的能力很小，应考虑增加用于该车道组交通流向的车道数，或调整信号相位，避免将来过早出现不可接受的延误。

4）若信号交叉口的极限饱和度 X_C 大于 1.00，说明当前的道路、信号条件不能满足交通需求，应考虑改善当前的道路、信号条件，如增加入口引道车道数、调整车道功能划分、延长信号周期、改变信号相位等。

（2）平均延误过大的改善措施

1）若平均延误很大，但交叉口的极限饱和度 X_C 比较小时，通常是由于不适当地采用了长周期所致，应该考虑采用相对较短的信号周期，以减小交叉口平均延误。

2）若平均延误很大，通常会调整交叉口的信号相位、配时以及车道功能划分，以增加交叉口的通行能力。当这些条件都不存在问题时，说明利用调整信号相位、配时以及车道功能划分增加通行能力的办法已经受到了道路几何条件的限制，不能满足当前的交通需求，需要通过改变道路几何线形和信号设计，以提供更大的通行能力。

6.4　实践算例——信号交叉口运行状况分析

已知：某平原地区的两相位独立信号交叉口，各方向入口引道均为 2 车道，车道宽度均为 3.5m。它的现有信号周期为 60s，主路与支路的有效绿灯时长分别为 36s 和 18s，总损失时间为 6s。此交叉口位于城市的边缘处，横向干扰一般。东、西入口引道的交通量均为 400pcu/h，南、北进口道的交通量均为 150pcu/h。交叉口交通组成：小型车 40%、中型车 30%、大型客车 30%。各方向入口引道中直行、左转、右转车辆比例均分别为：70%、15%、15%。参见图 6-3。

求解：对此交叉口进行通行能力和服务水平分析。

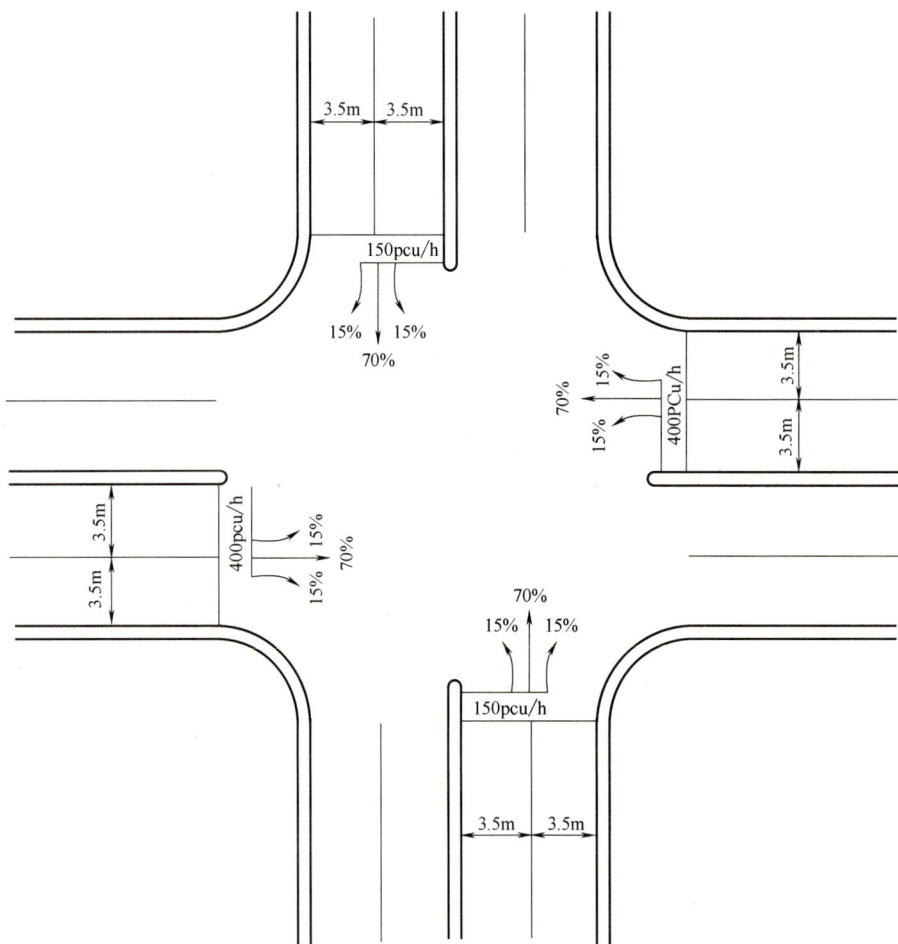

图 6-3　算例 6-1 信号交叉口示意

分析步骤如下。

（1）划分车道组

根据第 6.1.1 节提供的车道组划分原则，考虑本题各方向入口引道均为 2 车道，直行、左转、右转车辆比例均分别为：70%、15%、15%，因此各方向引道均划分为直左、直右两个车道组，每个车道组的车道数均为 1，参见图 6-4。

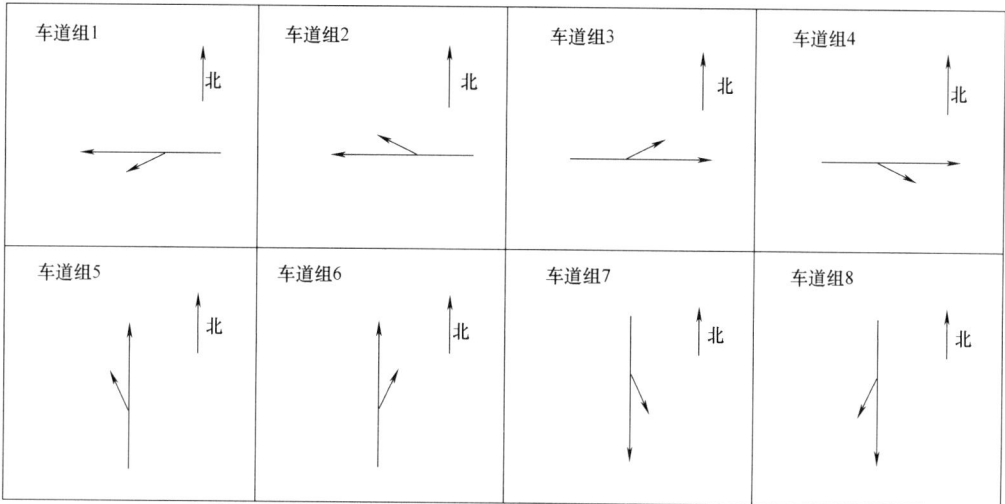

图 6-4 车道组划分图

（2）修正交通量

由已知，地形条件为平原微丘，可得 15min 高峰小时系数 $PHF_{15} = 0.927$；东西进口道的交通量为 400pcu/h，南、北进口道的交通量均为 150pcu/h。各方向引道中直行、左转、右转车辆比例均分别为：70%、15%、15%，可得

东入口引道直左车道组流量：$q_{TL} = 400 \times \left(\dfrac{70\%}{2} + 15\% \right) = 200 \text{pcu/h}$；

东入口引道直右车道组流量：$q_{TR} = 400 \times \left(\dfrac{70\%}{2} + 15\% \right) = 200 \text{pcu/h}$；

同样，可求得西入口引道直左和直右车道组的流量为：200pcu/h；

南入口引道直左车道组流量：$q_{TL} = 150 \times \left(\dfrac{70\%}{2} + 15\% \right) = 75 \text{pcu/h}$；

南入口引道直右车道组流量：$q_{TR} = 150 \times \left(\dfrac{70\%}{2} + 15\% \right) = 75 \text{pcu/h}$；

同样，可求得北入口引道直左和直右车道组的流量为：75pcu/h；

根据式（6-1），计算各个车道组的高峰小时交通流率：

东入口引道直左车道组高峰小时流率：$v_{TL} = 200/0.927 = 216 \text{pcu/h}$；

东入口引道直右车道组高峰小时流率：$v_{TR} = 200/0.927 = 216 \text{pcu/h}$；

同样，可求得西入口引道直左车道组的高峰小时流率为：216pcu/h；

西入口引道直右车道组的高峰小时流率为：216pcu/h；

南入口引道直左车道组高峰小时流率：$v_{TL} = 75/0.927 = 81 \text{pcu/h}$；

南入口引道直右车道组高峰小时流率：$v_{TR}=75/0.927=81pcu/h$；

同样，可求得北入口引道直左车道组的高峰小时流率为：81pcu/h；北入口引道直右车道组的高峰小时流率为：81pcu/h。

（3）修正饱和流率

取一条直行车道的基本饱和流率为1800pcu/h。

1）计算交通组成修正系数 f_{HV}：交叉口交通组成：小型车40%、中型车30%、大型客车30%；查表6-4可得各种车型的折算系数；按式（6-3）计算交通组成修正系数，可得 $f_{HV}=0.69$；

2）计算车道宽度修正系数 f_w：由已知，一条行车道宽度 $W=3.5m$，根据式（6-4），可得 $f_W=1+(W-3.50)/6.56=1+(3.5-3.50)/6.56=1.00$；

3）计算引道坡度修正系数 f_G：由已知，本信号交叉口位于平原地区，可取 $f_G=1.00$；

4）计算车道利用修正系数 f_{lu}：由已知，本车道组只有一条车道，根据式（6-6），可得 $f_{lu}=\dfrac{q_1}{Nq_{1max}}=\dfrac{q_1}{1\times q_1}=1.00$；

5）计算左转修正系数 f_{lt}：

由已知，每个入口引道左转车比例为15%；由于各个入口引道分为直左共用车道和直右共用车道，因此，对于左转车道组，左转车辆在共用车道组中左转比例为30%，由式（6-7），可求得直左车道组中左转修正系数为 $f_{lt}=0.971$；

6）计算右转修正系数 f_{rt}：由已知，每个进口右转车比例为15%；由于各个入口引道车道分为直左共用车道和直右共用车道，因此，对于右转车道组，右转车辆在共用车道组中右转比例为30%，由式（6-8），可求得直右车道组中右转修正系数为 $f_{rt}=0.957$；

7）计算横向干扰修正系数 f_{fr}：

由已知，横向干扰一般，即横向干扰等级为3级，查表6-8，可得 $f_{fr}=0.75$；

8）由以上计算所得的各影响因素修正系数，按照式（6-2），可得实际饱和流率：

东进口直左车道组饱和流率：

$v_{TL}=1800\times1\times0.69\times1.00\times1.00\times1.00\times0.971\times0.75=904pcu/h$；

东进口直右车道组饱和流率：

$v_{TR}=1800\times1\times0.69\times1.00\times1.00\times1.00\times0.957\times0.75=891pcu/h$；

同样，可求得西进口直左车道组饱和流率为：904pcu/h；西进口直右车道组饱和流率为：891pcu/h；南进口直左车道组饱和流率为：904pcu/h；南进口直右车道组饱和流率为：891pcu/h；北进口直左车道组饱和流率为：904pcu/h；北进口直右车道组饱和流率为：891pcu/h。

（4）计算通行能力

信号周期为 60s，东、西向有效绿灯时间为 36s，南、北向有效绿灯时间 18s，一个周期信号损失时间为 6s，则由公式：$c_i = S_i \dfrac{g_i}{C}$ 可计算得到各个车道组通行能力：

东入口引道直左车道组通行能力：$c_{TL} = S_{TL} \times \dfrac{36}{60} = 904 \times \dfrac{36}{60} = 542\text{pcu/h}$；

东入口引道直右车道组通行能力：$c_{TR} = S_{TR} \times \dfrac{36}{60} = 891 \times \dfrac{36}{60} = 535\text{pcu/h}$；

同样，可求得西入口引道直左车道组通行能力为：542pcu/h；西入口引道直右车道组通行能力为：535pcu/h。

南入口引道直左车道组通行能力：$c_{TL} = S_{TL} \times \dfrac{18}{60} = 904 \times \dfrac{18}{60} = 271\text{pcu/h}$；

南入口引道直右车道组通行能力：$c_{TR} = S_{TR} \times \dfrac{18}{60} = 891 \times \dfrac{18}{60} = 267\text{pcu/h}$；

同样，可求得北入口引道直左车道组通行能力为：271pcu/h；北入口引道直右车道组通行能力为：267pcu/h；

（5）计算饱和度

由公式 $X_i = \left(\dfrac{v}{c}\right)_i = \dfrac{v_i}{c_i} = \dfrac{v_i C}{S_i g_i}$ 可计算各个车道组的饱和度：

东入口引道直左车道组饱和度：$X_{TL} = \dfrac{v_{TL}}{c_{TL}} = \dfrac{216}{542} = 0.399$；

东入口引道直右车道组饱和度：$X_{TR} = \dfrac{v_{TR}}{c_{TR}} = \dfrac{216}{535} = 0.404$；

同样，可求得西入口引道直左车道组饱和度为 0.399；西入口引道直右车道组饱和度为 0.404。

南入口引道直左车道组饱和度为 0.299，南入口引道直右车道组饱和度为 0.303；同样，北入口引道直左车道组饱和度为 0.299，北入口引道直右车道组饱和度为 0.303。

（6）确定服务水平

由公式 $d_1 = \dfrac{0.5C\left(1 - \dfrac{g}{C}\right)}{1 - \left[\min(1,\ X_i)\cdot \dfrac{g}{C}\right]}$ 可计算各个入口引道车道组的延误。

对于东入口引道，由于 $C=60s$，$g=36s$，并且直左车道组饱和度：$X_{TL}=0.399$，直右车道组饱和度为 $X_{TR}=0.404$；可求得：直左车道组延误为 15.78s，直右车道组延误为 15.84s；同样，求得西入口引道直左车道组延误为 15.78s，直右车道组延误为 15.84s。

对于南入口引道，由于 $C=60s$，$g=18s$，并且直左车道组饱和度：$X_{TL}=0.299$；直右车道组饱和度为 $X_{TR}=0.303$，可求得直左车道组延误为 23.07s，直右车道组延误为 23.10s；同样，可求得北入口引道：直左车道组延误为 23.07s，直右车道组延误为 23.10s。

由于各个车道组饱和度小于 0.50，所以经历的延误主要是均匀延误，即 $d_2=0$。

由式（6-17）可求得整个交叉口的平均延误为：17.79s/pcu。查表 6-3 可知，服务水平为二级。

上述分析步骤可借助附录 6-2 中表 6-11 来完成。

6.5 附录

6.5.1 附录 6-1 信号交叉口延误的现场测量方法

当信号交叉口处于非饱和状态时，可直接用现场观测的方法估计信号交叉口平均控制延误。现场观测、估计信号交叉口平均控制延误步骤如下：

（1）设备和人员分工：准备电子秒表和计数器。通常需要 2 名观测员，观测员 1 记录每个观测周期（通常为 10～20s）内入口引道中的停车数量，观测员 2 记录整个观测期间入口引道中的停车数量。需要注意的是，如果一辆车在 3 个观测周期内都处于停车状态，观测员 1 要在 3 个观测周期内分别计数，而观测员 2 在整个观测期间的停车数量上只算作 1 辆停驶车。

（2）观测自由流速度 V_f：自由流速度是假设绿灯时间足够长，车辆无阻碍通过交叉口的速度。通常用信号交叉口上游某点的点速度来估计（该点应该位于不受信号控制影响的中间路段上，且不受排队车辆的影响）。

（3）记录调查信息：记录车道数 N、周期 C，确定观测员 1 的计数周期 T_{count}（通常为 10～20s，不能整除信号周期 C）。

（4）调查初始状态：调查从车道组的红灯相位显示时刻开始，此刻，车道中不能存在上个绿灯相位剩余的排队车辆。

（5）记录调查数据：观测员 1 记录每个计数周期内的停车数量 Q_i；观测员 2 记录整个观测周期内的到达车辆数 Q 和停车数量 Q_{stop}。

（6）计算平均排队时间 d_q：平均排队时间计算公式如式（6-21）

所示。

$$d_q = 0.9 \times \left(T_{count} \times \frac{\sum Q_i}{Q} \right) \quad (6\text{-}21)$$

式中　d_q——平均排队时间，s/pcu；

　　T_{count}——观测员 1 的计数周期，s；

　　Q_i——观测员 1 记录的各计数周期内的停车数量，辆；

　　Q——观测员 2 记录的整个观测周期内的到达车辆数，辆。

（7）计算加减速延误 d_a：加减速延误计算公式如式（6-22）所示。

$$d_a = \frac{Q_{stop}}{Q} \times CF \quad (6\text{-}22)$$

式中　d_a——加减速延误，s/pcu；

　　Q_{stop}——观测员 2 记录的停车数量，pcu；

　　Q——观测员 2 记录的整个观测周期内的到达车辆数，pcu；

　　CF——加减速延误修正系数，可根据自由流速度 V_f 和式（6-23）

计算得到的每个计数周期内每条车道的观测员 2 记录的平均停车数 $\overline{Q}$，查
表 6-10 得到。

$$\overline{Q} = \frac{Q_{stop}}{N} \times \frac{C}{T_{count}} \quad (6\text{-}23)$$

式中　$\overline{Q}$——每个计数周期内每条车道的平均停车数，辆/（T_{count} ·
　　　　车道）；

　　Q_{stop}——观测员 2 记录的停车数量，pcu；

　　N——引道中的车道数，条；

　　C——信号周期长度，s；

　　T_{count}——观测员 1 的计数周期长度，s。

加减速延误修正系数取值表　　　　　　　　　　　　表 6-9

自由流速度（km/h） ＼ 平均停车数	≤7 辆/（T_{count} · 车道）	8~19 辆/（T_{count} · 车道）	20~30 辆/（T_{count} · 车道）
≤40	+5	+2	−1
40~51	+7	+4	+2
>51	+9	+7	+5

（8）计算信号交叉口平均控制延误 d：计算公式如式（6-24）所示。

$$d = d_q + d_a \quad (6\text{-}24)$$

式中　d——信号交叉口平均控制延误，s/pcu；

　　d_q——平均排队时间，s/pcu；

　　d_a——加减速延误，s/pcu。

表 6-10 提供了用于现场测量控制延误的记录和分析表格，利用该表
格可以更简便地计算。

信号交叉口控制延误现场测量计算表 表 6-10

调查信息

姓名:观测员 1　　　观测员 2　　　　　　交叉口名称:

观测日期:　　　　　　　　　　　　　　备注:

观测记录信息

车道数 N		总到达车辆数 Q(pcu)	
自由流速度 V_f(km/h)		总停车数 Q_{stop}(pcu)	
观测员 1 计数周期 T_{count}(s)		信号周期长 C(s)	

时钟时间	周期序号	观测员 1 记录的各计数周期内的停车数量 Q_i									
		1	2	3	4	5	6	7	8	9	10
停车数汇总											

计算平均延误

1. 总的排队车辆数 $\sum Q_i$(pcu)	
2. 平均排队时间 $d_q = 0.9 \times \left(T_{count} \cdot \dfrac{\sum Q_i}{Q} \right)$ (s/pcu)	
3. 平均停车数 $\overline{Q} = \dfrac{Q_{stop}}{N} \times \dfrac{C}{T_{count}}$ (pcu)	
4. 加减速延误修正系数 CF	
5. 平均控制延误,$d = d_q + d_a$(s/pcu)	

6.5.2　附录 6-2　信号交叉口运行状况分析表

信号交叉口运行状况分析表 表 6-11

信号交叉口运行状况分析表

一般信息

任务描述:

交通量校正

	东进口		西进口		南进口		北进口	
	左转	右转	左转	右转	左转	右转	左转	右转
交通量 v(pcu/h)								
高峰小时系数 PHF								
校正流率 $v_p = v/PHF$	直行		直行		直行		直行	
车道组								
车道组校正交通量 v(pcu/h)								
转向比例 P_{lt} 或 P_{rt}								

饱和流率									
基本饱和流率 s_0(pcu/h/ln)									
车道数,N									
交通组成修正数 $f_{HV}=$ $\dfrac{1}{1+\sum p_i(E_i-1)}$									
车道宽度校正系数 $f_W=$ $1+\dfrac{w-3.50}{6.56}$									
进口坡度校正系数 f_G									
车道利用修正系数 f_{lu}									
左转校正系数 f_{lt}									
右转校正系数,f_{rt}									
冰雪天气影响修正系数,f_{sf}									
横向干扰修正系数,f_{fr}									
校正饱和流率 $S_i=S_0Nf_{HV}f_Wf_Gf_{lu}f_{lt}f_{rt}f_{sf}f_{fr}$									
车道组通行能力(s/pcu)									
车道组 v/c									
关键车道组									
关键车道组流率比 v/s									
交叉口的关键 v/c 比									
均匀延误 d_1(s)									
增量延误 d_2(s)									
车道组延误 d_1+d_2(s)									
入口引道延误(s)									
交叉口延误(s)									
车道组、进口和交叉口服务水平									

第 7 章
无信号交叉口通信能力分析

7.1 本章引言

我国城市道路无信号交叉口主要包括主路优先控制交叉口、无控制交叉口和无信号控制环形交叉口。本章介绍了主路优先控制交叉口、无控制交叉口、无信号环形交叉口的通行能力、服务水平的分析方法，给出了不同类型交叉口（十字型主路优先交叉口、十字型无控制交叉口和无信号环形交叉口）的相关计算实例，便于工程人员分析使用。

7.1.1 基本概念

（1）交通流车头时距分布特性

城市路网中，当上游信号交叉口间距在 0.4km 以内时，由于上游信号灯的作用，会对下游交叉口的车辆到达产生影响，一部分以车队形式到达，另一部分按自由流状态到达，此时的车头时距分布可用 M3 分布进行描述。当上游信号交叉口间距大于 0.4km 时，由于车辆动力性能的差异以及道路上横向干扰的影响，车队逐渐离散，上游信号交叉口的影响逐渐减弱。此时根据到达下游交叉口交通量的不同，当到达流量小于 500veh/h 时，车头时距服从移位负指数分布，当到达流量大于 500veh/h 时，车头时距服从 M3 分布。如果交叉口进口多于一个车道，上述流量及分布都是针对单个车道的流量及分布。

（2）当量人群流时距分布特性

本章将非机动车和行人流作为一个整体进行分析，定义"当量人群"的概念来描述它们对机动车流的共同影响，其中的非机动车包括自行车和电动自行车。

以道路某一横断面为参考线，如果在某一时间段内该断面没有非机动车和行人通过，就将这个时间段定义为一个间隙，相应的两个间隙之间的非机动车和行人就定义为一个当量人群，如图 7-1 所示。由上述定义，两个相邻间隙之间的非机动车和行人被认为是一个当量人群，本章假定当到达交叉口处的非机动车和行人的前后时差超过 t_{pb} 时，该部分非机动车和行人被算作一个当量人群。t_{pb} 定义为前后到达的两当量人群的最小间隙值，即划分当量人群的最小间隙值，该值与到达交叉口的非机动车和行人流量以及交叉口的实际运行状况有关。通过对高峰小时到达交叉口的当量人群进行观测以及对机动车穿越当量人群时的穿越间隙进行分析，可取最小间隙 $t_{pb}=1\mathrm{s}$。

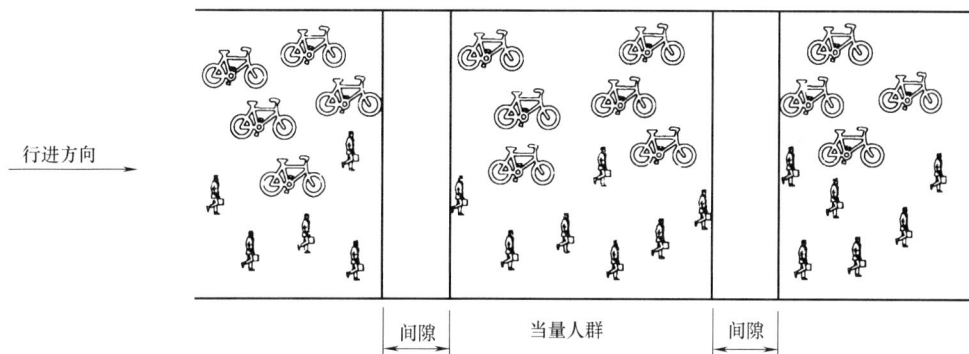

图 7-1　当量人群及当量人群间隙示意图

对交叉口处的行人群来说，当行人流量小于 4000 人/h，行人群的到达时距 h_p 服从移位负指数分布，即：

$$P(h_p \leqslant t) = 1 - \exp[-(t - t_{pb})/(H_p - t_{pb})] \tag{7-1}$$

式中　h_p——行人"群"与"群"之间的到达时距，s；

　　　H_p——每群行人在行人流量为 p 时的平均到达时距，s；

　　　t_{pb}——划分行人群的最小空隙值，s。

"当量人数"指的是在指定的时间段内，对自行车、电动自行车和行人间换算系数的研究结果即：$E_E=1.67$、$E_{EE}=1.58$、$E_P=1$，将自行车和电动自行车换算为行人后的"人数和"。"群时距"指的是按照前述对当量人群的定义，每两个相邻的当量人群之间的时间距离。"群个数"指的是按照前述对当量人群的定义，在指定的时间段内当量人群的个数。

（3）当量人数与群个数关系

如果只有实测当量人数，当量人群数可以根据经过大量观测数据回归拟合的经验公式计算。由当量人数计算群个数的经验公式如式（7-2）所示：

$$y_g = \begin{cases} x, & 0 < x \leqslant 45 \\ 30.893 + 0.338x - 3.94 \times 10^{-4} x^2 + 1.34 \times 10^{-7} x^3, & 45 < x \leqslant 1400 \end{cases} \tag{7-2}$$

式中　y_g——15min 时段群个数；

x——15min 时段当量人数。当 $x>1400$ 时，超出了无信号交叉口行人影响的讨论范围，应考虑设置信号灯或者行人天桥、过街地道等设施。

7.1.2 适用条件

本节通行能力分析方法适用于城市内部按照一定让行规则行驶的建成无信号交叉口。

7.1.3 限制条件

本节通行能力分析方法建立在正常交通流运行条件下，不适合交通违章、交通事故、不良天气等条件下通行能力的分析。

7.2 分析方法

下面依次介绍主路优先交叉口、无控制交叉口和无信号环形交叉口的通行能力及服务水平的分析方法。

7.2.1 主路优先交叉口

主路优先（Two-Way Stop-Controlled）TWSC 是广泛应用于城市和乡村无信号交叉口的控制型式，多见于城市主干路与次干路、主干路与支路、次干路与支路等相交道路的交叉口处。一般在主路优先交叉口次要道路的入口处均会设置"让"车或"停"车标志，而在主要道路上则不需要设置任何标志，相交方向的车辆依据交通规则运行。

主路车流穿过交叉口时不需要停车而可以直接通过，其通行能力通常按路段计算。次路车流穿过交叉口时需要穿插主路上的车流空档，其通行能力的大小受到主路车流间隙分布和间隙大小、次路车辆穿越主路车流间隙所需时间、次路车流的车头时距等因素的制约。主路优先交叉口的通行能力应该为主路上的车流通过量加上次路上车流能穿越交叉口的通过量之和。

7.2.1.1 分析流程

主路优先控制交叉口通行能力分析流程如图 7-2 所示。

7.2.1.2 服务水平

本章选取饱和度作为主路优先交叉口的服务水平评价指标。饱和度是指次路入口引道交通量与实际通行能力的比值。

主路优先控制交叉口的服务水平针对每个次路交通流进行定义，并不是将交叉口作为一个整体进行分析。城市主路优先控制交叉口以饱和度 v/c 为划分标准的服务水平等级划分（对应的平均控制延误），见表 7-1 所列。

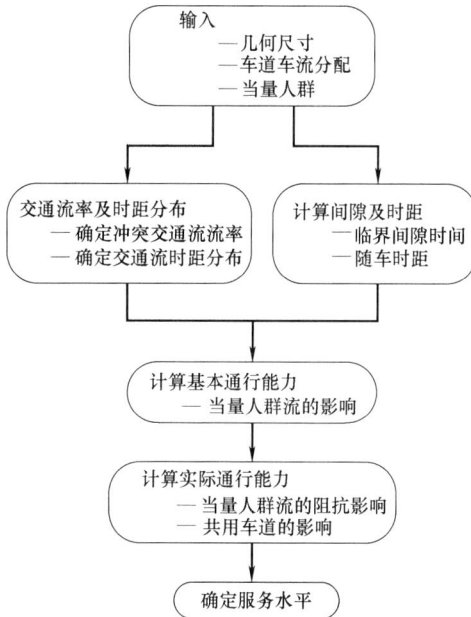

图 7-2 主路优先控制交叉口通行能力分析流程图

主路优先控制交叉口服务水平划分 表 7-1

评价指标 \ 服务水平等级	一级	二级	三级	四级	五级
平均控制延误(s/veh)	0~20	20~30	30~40	40~55	>55
v/c	<0.6	0.6~0.75	0.75~0.9	0.9~1.0	>1.0

各级服务水平的交通状况为：一级服务水平——畅行车流，基本上无延误或有少量延误；二级服务水平——稳定车流，有一定的延误，但驾驶员可以接受；三级服务水平——接近不稳定车流，有较大延误，但驾驶员还能忍受；四级服务水平——不稳定车流，交通拥挤，延误很大，驾驶员无法忍受；五级服务水平——强制车流，交通严重阻塞，车辆时停时开。

7.2.1.3 交通流运行优先等级划分

在主路优先控制交叉口，非机动车的左转车流存在两种不同的过街方式（二次过街和直接左转过街），交通流运行优先等级也相应划分为两种形式。

对于左转非机动车流二次过街来说，其主路优先控制交叉口各交通流运行优先等级如图 7-3 所示。

对于左转非机动车流直接过街来说，其主路优先控制交叉口各交通流运行优先等级如图 7-4 所示。

7.2.1.4 交通流冲突分析

主路优先控制交叉口处的交通流运行非常复杂，每一流向都面临着与其他不同运动方式交通流的潜在冲突。所有这些流向冲突，均称之为冲突

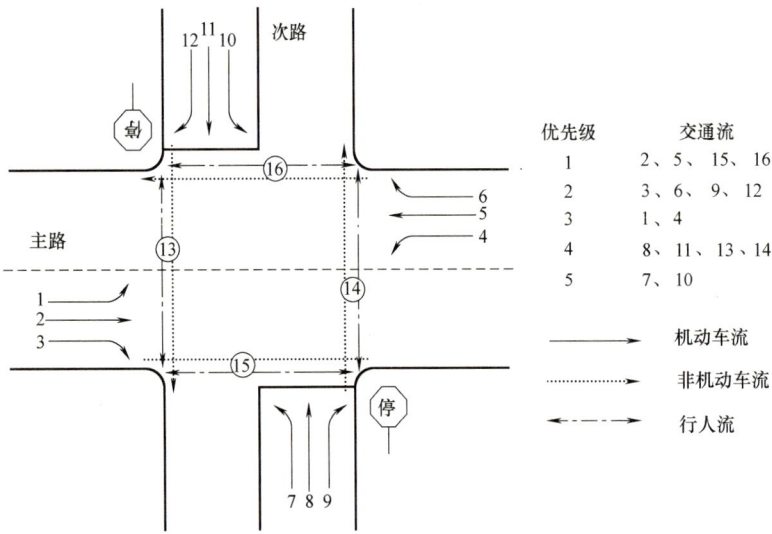

图 7-3　交通流运行优先等级（非机动车左转二次过街）

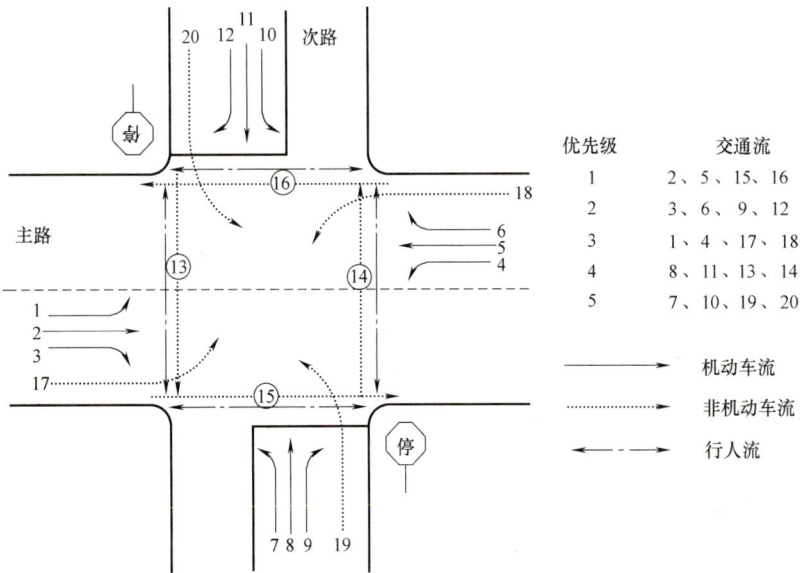

图 7-4　交通流运行优先等级（非机动车直接左转）

交通流，相应地，其流率总和即为冲突交通流流率。

　　本章按照图 7-3、图 7-4 所划分的交通流运行优先等级，将交叉口内由非机动车和行人组成的当量人群流也看作独立的优先冲突流，以左转非机动车流二次过街方式为例对交叉口内各次级交通流所面临的独立优先冲突流流率以及冲突—特性进行分析，具体分析结果如表 7-2 所示（对于左转车流直接左转的情况，只需要将第三优先级和第五优先级中增加对支路左转非机动车流交通冲突流率的相关分析即可）。

各流向冲突交通流及冲突流流率

表 7-2

交通流流向	冲突交通流示意及冲突流流率计算
主路右转： 3、6	 　　与主路右转车流 3 和 6 发生冲突的优先交通流分别为由非机动车和行人构成的当量人群流⑮和⑯。独立优先冲突流流率计算如下： 　　"独立"优先冲突流包括⑮、⑯： 　　(1)交通流 3 的独立优先冲突流流率：当量人群流率 V_{15}； 　　(2)交通流 6 的独立优先冲突流流率：当量人群流率 V_{16}
主路左转： 1、4	 　　与主路左转车流 1 发生冲突的优先交通流包括对向直行交通流 5、对向右转交通流 6 以及由非机动车和行人组成的当量人群流⑯；与主路左转车流 4 发生冲突的优先交通流包括对向直行交通流 2、对向右转交通流 3 以及由非机动车和行人组成的当量人群流⑮。上述冲突交通流中，主路右转车流 3 和 6 由于需让行于当量人群流⑮和⑯，因此不能作为独立的优先交通流考虑，其他交通流可以认为是相互"独立"的。独立优先冲突流流率计算如下： 　　"独立"优先冲突流包括 2、5、⑮、⑯： 　　(1)交通流 1 的独立优先冲突流流率： 　　机动车冲突流率 $V_{c,1}=V_5$，当量人群冲突流率 V_{16}； 　　(2)交通流 4 的独立优先冲突流流率： 　　机动车冲突流率 $V_{c,4}=V_2$，当量人群冲突流率 V_{15}
支路右转： 9、12	 　　与支路右转车流 9 发生冲突的优先交通流包括主路直行交通流 2、由非机动车和行人组成的当量人群流⑮；与支路右转车流 12 发生冲突的优先交通流包括主路直行交通流 5、由非机动车和行人组成的当量人群流⑯。独立优先冲突流流率计算如下： 　　"独立"优先冲突流包括 2、5、⑮、⑯： 　　(1)交通流 9 的独立优先冲突流流率： 　　机动车冲突流率 $V_{c,9}=V_2/N$，当量人群冲突流率 V_{15}； 　　(2)交通流 12 的独立优先冲突流流率： 　　机动车冲突流率 $V_{c,12}=V_5/N$，当量人群冲突流率 V_{16}

续表

交通流流向	冲突交通流示意及冲突流流率计算
支路直行： 8、11	 与支路直行车流 8 相冲突的优先交通流包括主路机动车流 1、2、4、5、6 以及横穿支路的当量人群流⑮和⑯；与支路直行车流 11 相冲突的优先交通流包括主路机动车流 1、2、3、4、5 以及横穿支路的当量人群流⑮和⑯（对于直接左转过街的左转非机动车流过街方式来说，机动车流 1 应包括左转非机动车的折算部分）。由于主路右转车流需让行于更高优先等级的交通流⑮和⑯，主路左转车流除此之外还要让行于对向的直行车流 2 和 5，因此，其不能作为独立优先交通流考虑，其他交通流可以认为是相互"独立"的。独立优先冲突流流率计算如下： "独立"优先冲突流包括 2、5、⑮、⑯： （1）交通流 8 的独立优先冲突流流率： 机动车冲突流流率 $V_{c,8}=V_2+V_5$，当量人群冲突流流率 $V_{15}+V_{16}$； （2）交通流 11 的独立优先冲突流流率： 机动车冲突流流率 $V_{c,11}=V_2+V_5$，当量人群冲突流流率 $V_{15}+V_{16}$
支路左转： 7、10	 与支路左转车流 7 相冲突的优先交通流包括主路直行和左转车流 1、2、4、5，对向支路直行和右转车流 11、12，以及横穿主路和支路的当量人群流⑬和⑮；与支路左转车流 10 相冲突的优先交通流包括主路直行和左转车流 1、2、4、5，对向支路直行和右转车流 8、9，以及横穿主路和支路的当量人群流⑭和⑯（对于直接左转过街的左转非机动车流过街方式来说，机动车流 1 应包括左转非机动车的折算部分）。在这些冲突交通流中，由于除了主路直行车流、横穿支路的当量人群流外，其他交通流均需让行于更高优先等级的交通流，因此它们都不能作为独立优先交通流考虑，只有主路直行车流、横穿支路的当量人群流可以认为是相互"独立"。独立优先冲突流流率计算如下： "独立"优先冲突流包括 2、5、⑮、⑯： （1）交通流 7 的独立优先冲突流流率： 机动车冲突流流率 $V_{c,7}=V_2+V_5/N$，当量人群冲突流流率 V_{15}； （2）交通流 10 的独立优先冲突流流率： 机动车冲突流流率 $V_{c,10}=V_2/N+V_5$，当量人群冲突流流率 V_{16}

注："独立"冲突流是指具有相同优先等级的交通流无需让行，直接通过交叉口。

7.2.1.5　临界间隙和随车时距

（1）计算临界间隙

临界间隙 t_c（critical gap）是指交叉口主路车流允许支路一辆等待穿越车辆通过的最小间隙，因此，临界间隙是指在主要车流中出现的驾驶员能够接受的最小间隙。一般情况下，驾驶员会拒绝一些小于临界间隙的时间间隔而接受一个大于临界间隙的时间间隔。临界间隙不是一个常值，在同一个地方对不同的驾驶员或是同一个驾驶员在同一地点而在不同的时刻，其可接受的临界间隙都会发生变化。

临界间隙的分布及其参数值不能直接测量获得，这主要是临界间隙不能直接测量，但拒绝间隙和接受间隙可以测量，因此必须尽可能地使用观测到的接受间隙和拒绝间隙值来估计出临界间隙的分布及其参数值。

在一般情况下，对于支路车辆驾驶员，可以假设其临界间隙是大于最大的拒绝间隙而小于接受间隙，这个假设与实际情况基本接近。大量的接受间隙数据可以用一个统计函数来描述，因此，临界间隙曲线必定位于接受间隙分布曲线的左侧，即小于接受间隙，如图 7-5 所示。

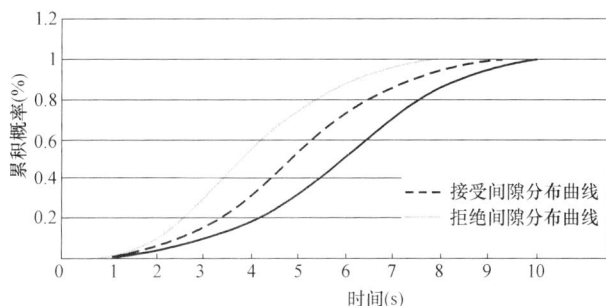

图 7-5　Ashworth 方法的基本原理

本章采用阿什沃斯（Ashworth）方法计算临界间隙，如式（7-3）所示：

$$t_c = \bar{t}_a - V_p \cdot s_a^2 \tag{7-3}$$

式中　t_c——支路车流的临界间隙，s；

　　　$\bar{t}_a$——支路车流车辆接受主路车流间隔的平均值，s；

　　　V_p——主路的车流率，pcu/s；

　　　s_a^2——接受间隙的方差，s^2。

（2）计算随车时距

随车时距 t_f（following up time）是指支路排队车辆连续通过交叉口时相邻两车之间的时间间隔，即支路车流在无其他车辆冲突影响下以饱和车流通过交叉口的车头时距。

随车时距可以直接观测到。在一个连续排队的车流中，利用同一个间隙穿越交叉口的相邻两车之间的车头时距即为随车时距。

7.2.1.6　次级交通流的基本通行能力

交叉口某一流向次级交通流的基本通行能力是指该流向交通流具有独立车道，且不受交叉口其他次级交通流影响时通过交叉口的最大服务流率。对于次级交通流基本通行能力的分析基于如下假设：

① 临近交叉口的排队车辆不会影响到所研究的无信号交叉口；

② 次路每一流向车流都具有独立车道；

③ 没有其他二、三、四级的交通流对所研究流向的交通流产生影响。

（1）主路单优先流情况

运用间隙接受理论模型，当主路交通流的车头时距分别服从移位负指数分布和 M3 分布时，次级交通流的基本通行能力计算公式分别如式（7-4）、式（7-5）所示：

$$C_{p,x} = \frac{v_\mathrm{M} e^{-\theta(t_\mathrm{c} - t_\mathrm{p})}}{1 - e^{-\theta t_\mathrm{f}}}, \qquad 0 \leqslant t_\mathrm{p} \leqslant t_\mathrm{c}, 0 \leqslant t_\mathrm{f} \leqslant t_\mathrm{c} \qquad (7\text{-}4)$$

$$C_{p,x} = \frac{v_\mathrm{M} \phi e^{-\gamma(t_\mathrm{c} - t_\mathrm{p})}}{1 - e^{-\gamma t_\mathrm{f}}}, \qquad 0 \leqslant t_\mathrm{p} \leqslant t_\mathrm{c}, 0 \leqslant t_\mathrm{f} \leqslant t_\mathrm{c}, 0 \leqslant \phi \leqslant 1 \quad (7\text{-}5)$$

式中　$C_{p,x}$——次级交通流 x 的基本通行能力，pcu/h；

v_M——与次级交通流 x 相冲突的优先交通流的流率，pcu/h；

t_p——与次级交通流 x 相冲突的优先交通流的最小车头时距，s，如果与次级交通流 x 相冲突的优先交通流为当量人群流，则取当量人群流的最小群时距；

t_c——次级交通流 x 的车辆穿越冲突流时的临界间隙，s；

t_f——次级交通流 x 的随车时距，s；

θ——与次级交通流 x 相冲突的优先交通流的到达服从移位负指数分布时的尺度参数，$\theta = \dfrac{v_\mathrm{M}}{3600 - v_\mathrm{M} t_p}$；

ϕ——与次级交通流 x 相冲突的优先交通流中以自由流状态行驶的车辆比例；

γ——与次级交通流 x 相冲突的优先交通流的到达服从 M3 分布时的衰减常量，$\gamma = \dfrac{v_\mathrm{M} \phi}{3600 - v_\mathrm{M} t_p}$。

（2）主路多重独立优先流情况

独立优先交通流就是在一组优先流中，各交通流优先等级相同，相互独立，彼此之间不需让行。如图 7-6 所示的十字形交叉口，对于支路直行车流来说，主路直行车流 2、5，横穿支路的当量人群流⑮、⑯都可以被看作独立优先交通流，因为它们之间彼此独立不需让行，而主路的左右转交通流就不能被看作独立优先交通流，因为它们还要让行于更高优先等级的交通流 2、5、⑮、⑯。

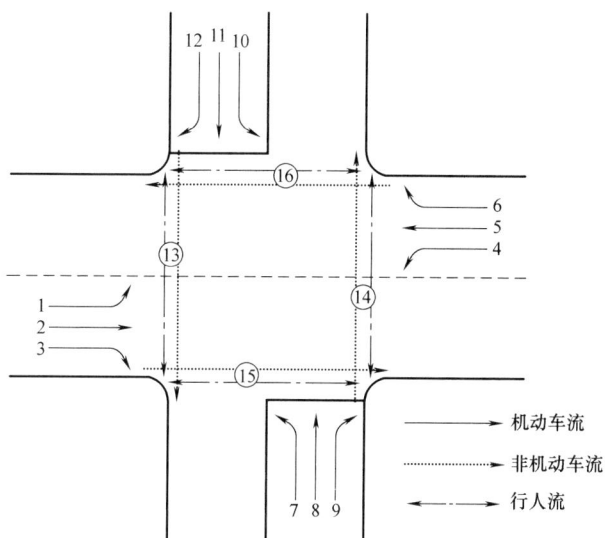

图 7-6　独立优先交通流示意图

在离散型表达形式下，当次级交通流 k 穿越主路多重独立优先交通流时，其基本通行能力计算公式如式（7-6）所示：

$$C_{p,k} = \sum_{l=0}^{\infty} \sum_{j \in I_k} \left[v_j R_j (t_{c,k} + lt_{f,k}) \prod_{\substack{i \in I_k \\ i \neq j}} R_{\gamma,i} (t_{c,k} + lt_{f,k}) \right] \quad (7\text{-}6)$$

式中　I_k——次路交通流 k 的独立优先交通流的集合；

　　　i，j——组成过程，$i \in I_k$，$j \in I_k$。如果将主路到达的独立优先交通流描述为点过程，组合优先交通流就是这些点过程叠加的组成过程；

　　　v_j——次路交通流 k 的独立优先交通流的流率，pcu/h；

　　　$t_{c,k}$——次路交通流 k 的车辆临界间隙，s；

　　　$t_{f,k}$——次路交通流 k 的车辆随车时距，s；

　　　l——通过交叉口的支路车辆数，pcu；

　　　R_j——组成过程 j 的车头时距分布残存函数；

　　　$R_{\gamma,i}$——组成过程 i 的延迟分布残存函数。

下面结合与次级交通流 k 相冲突的独立优先交通流的车头时距分布情况，对其基本通行能力进行分析。

1）主路多重独立优先流均服从移位负指数分布

当与次级交通流 k 相冲突的独立优先流均服从移位负指数分布，且次级交通流 k 对于主路每一优先流具有相同临界间隙和随车时距的基本通行能力计算公式如式（7-7）所示：

$$C_{p,k} = \frac{\mathrm{e}^{-\sum_{i \in I_k} \theta_i (t_{c,k} - t_{p,i})} \sum_{i \in I_k} v_j (1 + \theta_i t_{p,i})}{(1 - \mathrm{e}^{-t_{f,k} \sum_{i \in I_k} \theta_i}) \prod_{i \in I_k} (1 + \theta_i t_{p,i})}, \forall i : t_{p,i} < t_{c,k} \quad (7\text{-}7)$$

式中　$t_{p,i}$——与次级交通流 k 相冲突的独立优先流 i 的最小车头时
　　　　距，s；

　　　θ_i——组成过程 i 的尺度参数；

　　其他参数意义同前。

2）主路多重独立优先流均服从 M3 分布

当与次级交通流 k 相冲突的独立优先流均服从 M3 分布，且交通流 k 对于主路每一优先流具有相同临界间隙和随车时距的基本通行能力计算公式如式（7-8）所示：

$$C_{p,k} = 3600 \frac{e^{-\sum_{i \in I_k} \gamma_i (t_{c,k} - t_{p,i})} \sum_{i \in I_k} \gamma_i}{1 - e^{-t_{f,k} \sum_{i \in I_k} \gamma_i}} \prod_{i \in I_k} \frac{\phi_i}{\phi_i + \gamma_i t_{p,i}}, \forall i : t_{p,i} < t_{c,k}$$

（7-8）

式中　ϕ_i——组成过程 i 的自由流比例；

　　　γ_i——组成过程 i 的衰减常量；

　　其他参数意义同前。

3）主路多重独立优先流服从不同分布

假设主路优先交通流到达的车头时距服从两种分布，一种是移位负指数分布，一种是 M3 分布。当车道 j 到达的车头时距服从移位负指数分布时，令其属于 I_{k1} 系列，当车道 j 到达的车头时距服从 M3 分布时，令其属于 I_{k2} 系列，计算如式（7-9）：

$$C_{p,k} = \sum_{l=0}^{\infty} \sum_{j \in I_{k1}} X + \sum_{l=0}^{\infty} \sum_{j \in I_{k2}} X \tag{7-9}$$

　　其中：

$$\sum_{l=0}^{\infty} \sum_{j \in I_{k1}} X = \frac{e^{-\sum_{i \in I_{k1}} \theta_i (t_{c,k} - t_{p,i})} \sum_{i \in I_{k1}} v_i (1 + \theta_i t_{p,i}) \prod_{i \in I_{k2}} \frac{\phi_i e^{-\gamma_i (t_{c,k} - t_{p,i})}}{\phi_i + \gamma_i t_{p,i}}}{(1 - e^{-t_{f,k}(\sum_{i \in I_{k1}} \theta_i + \sum_{i \in I_{k2}} \gamma_i)}) \prod_{i \in I_{k1}} (1 + \theta_i t_{p,i})}, \forall i : t_{p,i} < t_{c,k}$$

（7-10）

$$\sum_{l=0}^{\infty} \sum_{j \in I_{k2}} X = \frac{\prod_{i \in I_{k2}} \phi_i e^{-\sum_{i \in I_{k2}} \gamma_i (t_{c,k} - t_{p,i})} \sum_{i \in I_{k2}} v_i (\phi_i + \gamma_i t_{p,i}) \prod_{i \in I_{k1}} \frac{e^{-\theta_i (t_{c,k} - t_{p,i})}}{1 + \theta_i t_{p,i}}}{(1 - e^{-t_{f,k}(\sum_{i \in I_{k2}} \gamma_i + \sum_{i \in I_{k1}} \theta_i)}) \prod_{i \in I_{k2}} (\phi_i + \gamma_i t_{p,i})}, \forall i : t_{p,i} < t_{c,k}$$

（7-11）

　　式中各参数意义同前。

（3）存在当量人群流情况

我国城市道路交叉口处具有较多的非机动车流和行人流。将由非机动车和行人组成的混合流用当量人群代替，则主路优先交叉口的车头时距组

合主要有三种：移位负指数分布（当量人群流）＋移位负指数分布（机动车流）、移位负指数分布（当量人群流)＋M3 分布（机动车流）、移位负指数分布（当量人群流)＋移位负指数分布（机动车流)＋M3 分布（机动车流）。

1）移位负指数分布（当量人群流)＋移位负指数分布（机动车流）

此种情况下，独立优先流中，当量人群流的群时距服从移位负指数分布，机动车流的车头时距也全部服从移位负指数分布，但次级交通流穿越时的临界间隙和随车时距不同，此时次级交通流基本通行能力计算公式如式（7-12）所示：

$$C_{p,k} = \frac{3600\theta R_{\gamma, I_k}(t_{c,i})}{1 - e^{-\sum_{i \in I_k} \theta_i t_{f,i}}}, \quad \forall i : t_{p,i} < t_{c,i} \tag{7-12}$$

式中　$\theta = \sum_{i \in I_k} \theta_i$ 。

其他参数意义同前。

2）移位负指数分布（当量人群流)＋M3 分布（机动车流）

此种情况下，独立优先流中，当量人群流的群时距服从移位负指数分布，机动车流的车头时距服从 M3 分布，次级交通流穿越当量人群流和机动车流的临界间隙和随车时距不同，此时次级交通流基本通行能力计算公式如式（7-13）所示：

$$C_{p,k} = \sum_{l=0}^{\infty} \sum_{j \in I_{k1}} X + \sum_{l=0}^{\infty} \sum_{j \in I_{k2}} X \tag{7-13}$$

其中：

$$\sum_{l=0}^{\infty} \sum_{j \in I_{k1}} X = \frac{e^{-\sum_{i \in I_{k1}} \theta_i (t_{c,i} - t_{p,i})} \sum_{i \in I_{k1}} v_i (1 + \theta_i t_{p,i}) \prod_{i \in I_{k2}} \frac{\phi_i e^{-\gamma_i (t_{c,i} - t_{p,i})}}{\phi_i + \gamma_i t_{p,i}}}{(1 - e^{-(\sum_{i \in I_{k1}} \theta_i t_{f,i} + \sum_{i \in I_{k2}} \gamma_i t_{f,i})}) \prod_{i \in I_{k1}} (1 + \theta_i t_{p,i})}, \quad \forall i : t_{p,i} < t_{c,i}$$

$$\tag{7-14}$$

$$\sum_{l=0}^{\infty} \sum_{j \in I_{k2}} X = \frac{\prod_{i \in I_{k2}} \phi_i e^{-\sum_{i \in I_{k2}} \gamma_i (t_{c,i} - t_{p,i})} \sum_{i \in I_{k2}} v_i (\phi_i + \gamma_i t_{p,i}) \prod_{i \in I_{k1}} \frac{e^{-\theta_i (t_{c,i} - t_{p,i})}}{1 + \theta_i t_{p,i}}}{(1 - e^{-(\sum_{i \in I_{k2}} \gamma_i t_{f,i} + \sum_{i \in I_{k1}} \theta_i t_{f,i})}) \prod_{i \in I_{k2}} (\phi_i + \gamma_i t_{p,i})}, \quad \forall i : t_{p,i} < t_{c,i}$$

$$\tag{7-15}$$

3）移位负指数分布（当量人群流)＋移位负指数分布（机动车流）＋M3 分布（机动车流）

当主路优先控制交叉口距信号交叉口较远时，根据主路到达交通流流量的不同，车头时距可能服从移位负指数分布，也可能服从 M3 分布。因此对于次级交通流来说，其主路多重独立优先流的车头时距分布组合就可能是：移位负指数分布（当量人群流）＋移位负指数分布（机动车流）＋M3分布（机动车流）。此时，当量人群流和部分机动车流的车头时距分布属于 I_{k1} 系列，即移位负指数分布系列，而另一部分机动车流的车头时距分布属于 I_{k2} 系列，即 M3 分布系列。该情况下，虽然仍可运用式（7-12）～式（7-15）对次级交通流的基本通行能力进行分析，但由于机动车流穿越当量人群流和机动车流时的临界间隙和随车时距不同，因此在对 I_{k1} 系列进行计算时，针对二者的临界间隙和随车时距要取不同的值。

7.2.1.7　实际通行能力

在上述次级交通流基本通行能力计算中，假设次级车流只受主路独立优先交通流的影响，但是在实际运行中，高等级的次级交通流也会对低等级的次级交通流的运行产生影响。另外，在实际的交叉口空间布局中，次级交通流也可能存在共用车道的情况。考虑上述情况，从机动车流间的阻抗影响、当量人群流对机动车流的阻抗影响以及共用车道三方面对次级交通流的实际通行能力进行分析。

（1）机动车流间的阻抗影响

阻抗就是优先等级高的交通流对优先等级低的交通流造成的影响，当优先等级高的车流变得较为拥挤时，它可能妨碍优先等级低的车流，并减少该车道的通行能力。下面基于主路优先控制交叉口交通流运行优先等级，首先分析机动车流间的阻抗影响。

1）应用间隙接受理论计算交叉口的通行能力时，总是假设第一优先等级的交通流（主路直行：2、5）不受其他次级交通流的影响，它的最大通行能力受道路条件的限制。

2）对于第二优先等级交通流（主、次路右转：3、6、9、12）来说，它必须让行且只需让行于第一优先等级的交通流，再没有来自其他交通流的阻抗影响。因此第二优先等级交通流的实际通行能力等于其基本通行能力，即：

$$C_{m,j}=C_{p,j} \tag{7-16}$$

式中　j——第二优先等级交通流，$j=3$、6、9、12；

$C_{m,j}$——交通流 j 的实际通行能力，pcu/h；

$C_{p,j}$——交通流 j 的基本通行能力，pcu/h。

3）对于第三优先等级交通流（主路左转：1、4）来说，它除了需让行于第一优先等级交通流外，还要让行于第二优先等级交通流即主路右转交通流。

第三优先等级交通流的实际通行能力计算公式如式（7-17）所示：

$$C_{m,k}=(C_{p,k})f_k \tag{7-17}$$

$$f_k=p_{0,j} \tag{7-18}$$

$$p_{0,j}=1-X \tag{7-19}$$

式中　k——第三优先等级交通流，$k=1$、4；

　　　j——第二优先等级交通流，$j=3$、6；

　　$C_{m,k}$——交通流 k 的实际通行能力，pcu/h；

　　$C_{p,k}$——交通流 k 的基本通行能力，pcu/h；

　　　f_k——次级交通流 k 的通行能力影响系数；

　　$p_{0,j}$——第二等级优先等级交通流（主路右转：3、6）进入交叉口时无排队的概率；

　　　X——第二优先等级交通流饱和度。

4）对于第四优先等级交通流（次路直行：8、11）来说，它除了需要让行于第一优先等级的交通流外，还需要让行于第二和第三优先等级的交通流，即第二优先等级中的主路右转交通流和第三优先等级中的主路左转交通流。

第四优先等级交通流的实际通行能力计算公式如式（7-20）所示：

$$C_{m,l}=(C_{p,l})f_l \tag{7-20}$$

$$f_l=p'p_{0,k} \tag{7-21}$$

$$p'=0.65p''-\frac{p''}{p''+3}+0.6\sqrt{p''} \tag{7-22}$$

式中　l——第四优先等级交通流，$l=8$、11；

　　$C_{m,l}$——交通流 l 的实际通行能力，pcu/h；

　　$C_{p,l}$——交通流 l 的基本通行能力，pcu/h；

　　　f_l——次级交通流 l 的通行能力影响系数；

　　$p_{0,k}$——相冲突的右侧主路左转交通流无排队的概率；

　　　p'——主路右转和主路左转的阻抗影响修正系数，$p''=p_{0,j}p'_{0,k}$；

　　$p_{0,j}$——相冲突的主路右转交通流无排队的概率；

　　$p'_{0,k}$——相冲突的左侧主路左转交通流无排队的概率。

5）对于第五优先等级的交通流（次路左转：7、10）来说，它除了需要让行于第一优先等级的交通流外，还需要让行于第二优先等级的次路右转交通流、第三优先等级的主路左转交通流以及第四优先等级的次路直行交通流。

第五优先等级交通流的实际通行能力计算公式如式（7-23）所示：

$$C_{m,m}=(C_{p,m})f_m \tag{7-23}$$

$$f_m=(p''')(p_{0,j}) \tag{7-24}$$

$$p'''=0.65p''-\frac{p''}{p''+3}+0.6\sqrt{p''} \tag{7-25}$$

式中　m——第五优先等级交通流，$m=7$、10；

　　$C_{m,m}$——交通流 m 的实际通行能力，pcu/h；

　　$C_{p,m}$——交通流 m 的基本通行能力，pcu/h；

　　　f_m——次级交通流 m 的通行能力影响系数；

j——第二优先等级的次路右转交通流，$j=9$、12；

p'''——主路左转和次路直行的阻抗影响修正系数，$p''=(p_{0,k})(p_{0,l})$；

$p_{0,k}$——相冲突的主路左转交通流无排队的概率；

$p_{0,l}$——相冲突的次路直行交通流无排队的概率。

（2）当量人群流对机动车流的阻抗影响

将由非机动车和行人组成的混合群体以当量人群进行度量，次级交通流必须让行于高优先等级的当量人群流。

横穿支路的当量人群流具有第一优先等级，其对次级交通流的影响体现在各次级交通流的基本通行能力中。对于横穿主路的当量人群流，由城市主路优先控制交叉口的交通流运行优先等级，次路左转交通流必须让行，其对次路左转交通流的阻抗影响如表 7-3 所示：

当量人群流与机动车流的相对优先关系　　　表 7-3

机动车流	必须让行的当量人群流	当量人群流阻抗因子 $p_{pb,x}$
V_7	V_{13}	$p_{pb,13}$
V_{10}	V_{14}	$p_{pb,14}$

当量人群流对机动车流的阻碍状况基于当量人群的流量、移动速度以及车道宽度的情况，计算公式如式（7-26）所示：

$$f_{pb}=\frac{v_x\left(\dfrac{W}{S_{pb}}\right)}{3600} \tag{7-26}$$

式中　f_{pb}——当量人群阻塞系数，或一小时内交叉口入口引道某车道的阻塞时间百分比；

v_x——当量人群流 x 的流率，当量人群/h，$x=13$、14；

W——车道宽度，m；

S_{pb}——当量人群流移动速度，m/s，没有实地调查资料可取 1.2m/s。

对于当量人群流 x 来说，其对机动车流的阻抗系数可由式（7-27）进行计算：

$$p_{pb,x}=1-f_{pb} \tag{7-27}$$

由于在我国城市道路交叉口中，非机动车和行人流量较大，因此，$p_{pb,x}$ 应该作为一个阻抗因子加入到式（7-24）中，相应地（7-24）调整为式（7-28）：

$$f_m=(p''')(p_{0,j})p_{pb,x} \tag{7-28}$$

（3）共用车道影响

前述通行能力分析假设各流向交通流具有专用车道，实际情况中，往往存在着不同流向交通流共用车道的情况。

在次路入口具有共用车道的情况下，次路入口不同流向的交通流共用车道，它们不能在停车线后并排停靠，通行能力计算如式（7-29）所示：

$$C_{sh} = \frac{\sum\limits_{y} V_y}{\sum\limits_{y} (V_y / C_{m,y})} \qquad (7\text{-}29)$$

式中　C_{sh}——共用车道的实际通行能力，pcu/h；

　　　V_y——共用车道中流向 y 的交通流率，pcu/h；

　　　$C_{m,y}$——共用车道中流向 y 的实际通行能力，pcu/h。

在主路入口具有共用车道的情况下，左转车流可能由于等待可接受间隙而影响主路直行（或右转）车流的运行而使其产生延误，同样右转车流也可能由于等待可接受间隙而影响主路直行车流的运行而使其产生延误。此种情况下，在实际通行能力计算中需用式（7-30）和式（7-31）计算的 $p_{0,k}^{*}$ 和 $p_{0,j}^{*}$ 代替前文的 $p_{0,k}$ 和 $p_{0,j}$，以考虑左右转车辆排队对主路高等级交通流运行的影响。

$$p_{0,k}^{*} = 1 - \frac{1 - p_{0,k}}{1 - (V_i / S_i + V_j / C_{m,j})} \qquad (7\text{-}30)$$

$$p_{0,j}^{*} = 1 - \frac{1 - p_{0,j}}{1 - V_i / S_i} \qquad (7\text{-}31)$$

式中　$p_{0,k}$——假设主路左转车流具有专用车道时 k 车流无排队的概率；

　　　$p_{0,j}$——假设主路右转车流具有专用车道时 j 车流无排队的概率；

　　　k——主路左转交通流，$k=1$、4；

　　　j——主路右转交通流，$j=3$、6；

　　　i——主路直行交通流，$i=2$、5；

　　　V_i——主路直行车流流率，pcu/h；

　　　V_j——主路右转车流流率（当右转车流具有专用车道时，$V_j=0$），pcu/h；

　　　S_i——主路直行车流饱和流率，pcu/h；

　　　$C_{m,j}$——主路右转车流的实际通行能力（等于其基本通行能力），pcu/h。

7.2.2　无控制交叉口

无控制交叉口是指没有任何控制设施的交叉口，类似于国外的四路停车交叉口（all-way stop-controlled intersections）。在无控制交叉口处，两相交道路具有相同或基本相同的交通量状况，各入口交通流进入交叉口时均需停车等待寻找对方车流的间隙通过。在城市道路中，该类交叉口一般位于两条支路相交处，各流向交通流遵循先到先通过的通行规则。

7.2.2.1　分析流程

无控制交叉口通行能力分析流程如图 7-7 所示。

7.2.2.2　服务水平

和主路优先交叉口相同，可选用饱和度作为城市无控制交叉口的服务

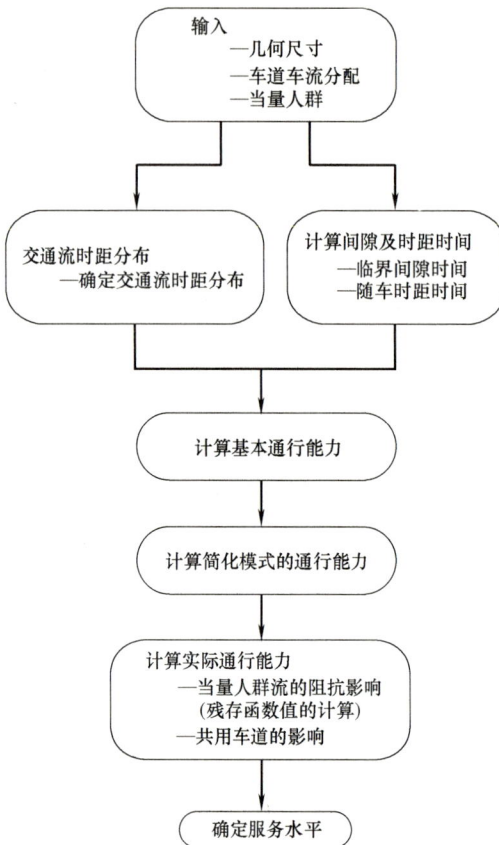

图 7-7　无控制交叉口通行能力分析流程

水平评价指标。各级服务水平所对应的饱和度值和平均控制延误值，见表7-4所列。

无控制交叉口服务水平划分　　　　　　　　　　　表 7-4

服务水平等级 评价指标	一级	二级	三级	四级	五级
平均控制延误（s/veh）	0～20	20～30	30～40	40～55	＞55
v/c	＜0.6	0.6～0.75	0.75～0.9	0.9～1.0	＞1.0

所不同的是，主路优先交叉口的平均控制延误是针对每一路车流，而无控制交叉口的平均控制延误是针对所有入口引道车流。

7.2.2.3　基本通行能力分析模型

两单向直行车流相交是无控制交叉口最基本、最简单的交通流运行方式，本章称此种交通流运行方式下的通行能力计算模型为无控制交叉口的基本通行能力模型。

如图7-8所示，设无控制交叉口两相交车流分别为A和B，当一路车流通过时，另一路到达车辆必须排队等候。当正在通行的一路车流（假设为 A 车流）中出现可接受的临界间隙 t_c 时，另一路车流（B 车流）便穿越，并通过一队车辆，直到 B 车队中出现可横穿的空当，A 车流再穿越。这样循环往复，A、B 两车流以车队形式交替通行。设 A、B 两车流分别通过一个车队所需时间为 T_A、T_B，把 A、B 两路车流各通过一个车队当作一个小的"周期"，则周期长度为：$T=T_A+T_B$。

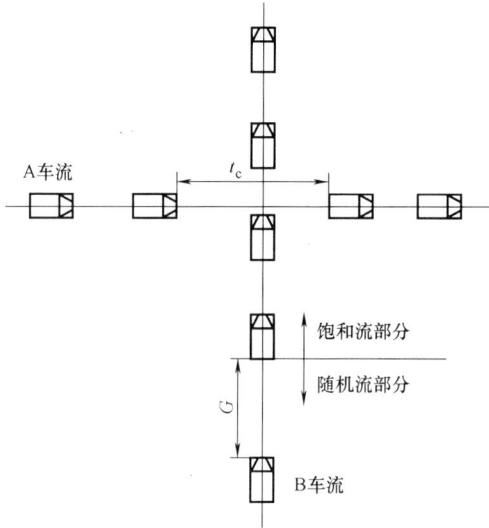

图 7-8　无控制交叉口车队通行示意

车流要以车队形式通过交叉口，必须满足以下条件：在一路车流通行期间（T_A 或 T_B），另一路上必须有一辆以上车辆到达并等候通过。通常情况下，该条件能够满足，只要进口交通量不小于 150pcu/h，则在 T_A 或 T_B 期间至少有一辆车到达。

一般来说，通过交叉口的每个车队由两部分组成，先通过部分为受延误的排队车辆，以饱和流率通过，称之为饱和流部分；随之通过部分为不受延误车辆，以非饱和流（到达率）通过，称之为随机流部分。设这两部分车辆的车辆数期望值分别为 N_S、N_U，相应的通行时间为 T_S、T_U，则：

$$N_A=N_{SA}+N_{UA}, N_B=N_{SB}+N_{UB} \tag{7-32}$$

$$T_A=T_{SA}+T_{UA}, T_B=T_{SB}+T_{UB} \tag{7-33}$$

式中　N_A、N_B——A、B 路车流中一个车队的车辆数期望值；

$\quad\quad N_S$——饱和流部分的车辆数期望值；

$\quad\quad N_U$——随机流部分的车辆数期望值；

$\quad\quad T_S$——饱和流部分车辆的通行时间，s；

$\quad\quad T_U$——随机流部分车辆的通行时间，s。

当 A、B 两车流以车队形式通过时，两相交道路的通行能力可按每小时通行的车队数及队长进行计算，计算公式如式（7-34）、式（7-35）

所示：

$$C_A = N_A \cdot 3600/T = 3600 \cdot N_A/(T_A + T_B) \tag{7-34}$$

$$C_B = N_B \cdot 3600/T = 3600 \cdot N_B/(T_A + T_B) \tag{7-35}$$

则无控制交叉口总的通行能力为：

$$C = C_A + C_B = 3600(N_A + N_B)/(T_A + T_B) \tag{7-36}$$

式（7-36）即为最简单交通流相交情况下无控制交叉口的通行能力计算模型。通行能力 C_A、C_B 及 C 的计算取决于各计算参数，分析如下。

（1）饱和流参数计算

饱和流参数包括车队饱和流部分长度 N_{SA}、N_{SB} 及其通过时间 T_{SA}、T_{SB}。

设 A、B 两车流通过交叉口的饱和流率分别为 S_{SA}、S_{SB}，A、B 两车流的到达率分别为 v_A、v_B。则 A、B 车队的受延误排队车辆数及通过时间分别为：

$$N_{SA} = T_{SA} \cdot S_{SA} \tag{7-37}$$

$$T_{SA} = T_B \cdot v_A/(S_{SA} - v_A) \tag{7-38}$$

$$N_{SB} = T_{SB} \cdot S_{SB} \tag{7-39}$$

$$T_{SB} = T_A \cdot v_B/(S_{SB} - v_B) \tag{7-40}$$

（2）随机流参数计算

随机流参数包括车队随机流部分长度 N_{UA}、N_{UB}、车队长度 N_A、N_B 以及随机流部分通过时间 T_{UA}、T_{UB}。

A、B 车队中随机车辆数的期望值分别为：

$$N_{UA} = \frac{1}{X_A} - 1 \tag{7-41}$$

$$N_{UB} = \frac{1}{X_B} - 1 \tag{7-42}$$

式中　$X_A = \exp[-v_A(t_{cA} - t_{pA})/(1 - t_{pA}v_A)]$；

$\quad\quad X_B = \exp[-v_B(t_{cB} - t_{pB})/(1 - t_{pB}v_B)]$；

$\quad t_{cA}$、t_{cB}——A、B 车流中允许横穿的最小间隙，s；

$\quad t_{pA}$、t_{pB}——A、B 车流的最小车头时距，s；

$\quad v_A$、v_B——A、B 车流的到达率，pcu/h。

A、B 车队总车辆数的期望值为：

$$N_A = N_{UA} + N_{SA} = T_{SA} \cdot S_{SA} + \frac{1}{X_A} - 1 \tag{7-43}$$

$$N_B = N_{UB} + N_{SB} = T_{SB} \cdot S_{SB} + \frac{1}{X_B} - 1 \tag{7-44}$$

A、B 车队随机流部分的通过时间分别为：

$$T_{UA} = N_{UA} \cdot H_A \tag{7-45}$$

$$T_{UB} = N_{UB} \cdot H_B \tag{7-46}$$

式中　H_A、H_B——A、B 车队中随机流部分的平均车头时距，s。

A、B 两车队随机部分的平均车头时距分别为:

$$H_A = \frac{1}{v_A} - \frac{(t_{cA} - t_{pA}) \cdot X_A}{1 - X_A} \tag{7-47}$$

$$H_B = \frac{1}{v_B} - \frac{(t_{cB} - t_{pB}) \cdot X_B}{1 - X_B} \tag{7-48}$$

(3) 车队通行时间计算

A 车队的平均通行时间为:

$$T_A = T_{SA} + T_{UA} = T_B \cdot v_A / (S_{SA} - v_A) + T_{UA} \tag{7-49}$$

B 车队的平均通行时间为:

$$T_B = T_{SB} + T_{UB} = T_A \cdot v_B / (S_{SB} - v_B) + T_{UB} \tag{7-50}$$

由式 (7-49)、式 (7-50) 可得:

$$T_A = \frac{(S_{SB} - v_B) \cdot [v_A(T_{UB} - T_{UA}) + S_{SA} \cdot T_{UA}]}{S_{SA}S_{SB} - v_A S_{SB} - v_B S_{SA}} \tag{7-51}$$

$$T_B = \frac{(S_{SA} - v_A) \cdot [v_B(T_{UA} - T_{UB}) + S_{SB} \cdot T_{UB}]}{S_{SA}S_{SB} - v_A S_{SB} - v_B S_{SA}} \tag{7-52}$$

将上述计算参数代入式 (7-34)～式 (7-36) 即可得到无控制交叉口通行能力基本模型。

7.2.2.4　各流向交通流简化模式

考虑有对向车流的情况,将每两条交通流交叉都简化成两直行交通流交汇,对各流向的理论通行能力进行了计算,然后考虑相关车流在冲突区所受到的其他车流的干扰,给出了理论通行能力的修正系数。其计算过程中假设所有流向车流的车头时距均服从移位负指数分布,下面对其简化过程进行分析。无控制交叉口交通流流向及冲突流示意图如图 7-9 所示。

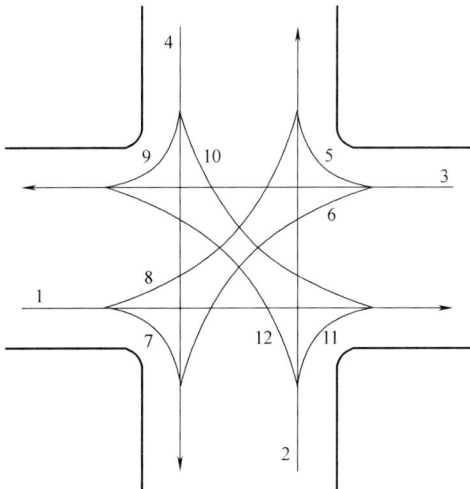

图 7-9　无控制交叉口交通流流向及冲突流示意

(1) 直行车流通行能力

1、3 车流的通行能力计算如式 (7-53) 所示:

$$C_{1-3} = \frac{3600}{T_{1,3-2,4,6,8,10,12}} \left\{ \frac{T_{2,4,6,8,10,12} * v_{1,3}}{S_{S1,3} - v_{1,3}} * S_{S1,3} + \exp^{-1}\left[\frac{-v_{1,3}(t_{c1,3} - t_{p1,3})}{1 - t_{p1,3}v_{1,3}}\right] - 1 \right\}$$

(7-53)

式中　$T_{1,3-2,4,6,8,10,12}$——1，3，2，4，6，8，10，12 流向各通过一列
车队所需时间，s；

$T_{2,4,6,8,10,12}$——2，4，6，8，10，12 流向通过一个车队所需
时间，s；

$S_{S1,3}$——1，3 组合车流的饱和流率，pcu/s；

$v_{1,3}$——1，3 组合车流的到达率，pcu/s；

$t_{c1,3}$——1，3 组合车流允许横穿的等价最小间隙，s；

$t_{p1,3}$——1，3 组合车流的等价最小车头时距，s。

2、4 车流的通行能力计算如式（7-54）所示：

$$C_{2-4} = \frac{3600}{T_{2,4-1,3,6,8,10,12}} \left\{ \frac{T_{1,3,6,8,10,12} * v_{2,4}}{S_{S2,4} - v_{2,4}} * S_{S2,4} + \exp^{-1}\left[\frac{-v_{2,4}(t_{c2,4} - t_{p2,4})}{1 - t_{p2,4}v_{2,4}}\right] - 1 \right\}$$

(7-54)

式中　$T_{2,4-1,3,6,8,10,12}$——2，4，1，3，6，8，10，12 流向各通过一列
车队所需时间，s；

$T_{1,3,6,8,10,12}$——1，3，6，8，10，12 流向通过一个车队所需
时间，s；

$S_{S2,4}$——2，4 组合车流的饱和流率，pcu/s；

$v_{2,4}$——2，4 组合车流的到达率，pcu/s；

$t_{c2,4}$——2，4 组合车流允许横穿的等价最小间隙，s；

$t_{p2,4}$——2，4 组合车流的等价最小车头时距，s。

（2）左转车流通行能力

6、8 车流的通行能力计算如式（7-55）所示：

$$C_{6-8} = \frac{3600}{T_{6,8-1,2,3,4,10,12}} \left\{ \frac{T_{1,2,3,4,10,12} * v_{6,8}}{S_{S6,8} - v_{6,8}} * S_{S6,8} + \exp^{-1}\left[\frac{-v_{6,8}(t_{c6,8} - t_{p6,8})}{1 - t_{p6,8}v_{6,8}}\right] - 1 \right\}$$

(7-55)

式中　$T_{6,8-1,2,3,4,10,12}$——6，8，1，2，3，4，10，12 流向各通过一列
车队所需时间，s；

$T_{1,2,3,4,10,12}$——1，2，3，4，10，12 流向通过一个车队所需
时间，s；

$S_{S6,8}$——6，8 组合车流的饱和流率，pcu/s；

$v_{6,8}$——6，8 组合车流的到达率，pcu/s；

$t_{c6,8}$——6，8 组合车流允许横穿的等价最小间隙，s；

$t_{p6,8}$——6，8 组合车流的等价最小车头时距，s。

10、12 车流的通行能力计算如式（7-56）所示：

$$C_{10-12}=\frac{3600}{T_{10,12-1,2,3,4,6,8}}\left\{\frac{T_{1,2,3,4,6,8}*v_{10,12}}{S_{S10,12}-v_{10,12}}*S_{S10,12}+\exp^{-1}\left[\frac{-v_{10,12}(t_{c10,12}-t_{p10,12})}{1-t_{p10,12}v_{10,12}}\right]-1\right\}$$

$$(7-56)$$

式中　$T_{10,12-1,2,3,4,6,8}$——10，12，1，2，3，4，6，8 流向各通过一列车队所需时间，s；

$T_{1,2,3,4,6,8}$——1，2，3，4，6，8 流向通过一个车队所需时间，s；

$S_{S10,12}$——10，12 组合车流的饱和流率，pcu/s；

$v_{10,12}$——10，12 组合车流的到达率，pcu/s；

$t_{c10,12}$——10，12 组合车流允许横穿的等价最小间隙，s；

$t_{p10,12}$——10，12 组合车流的等价最小车头时距，s。

（3）右转车流通行能力

各入口引道右转车流理论上不必穿越其他车流，只有与其他车流的合流冲突。在交通量不是特别大、入口引道不是特别窄的交叉口可以认为其通行能力等于其饱和流量。因此，计算右转车流的通行能力时不需对其他机动车交通流进行简化。

7.2.2.5　当量人群流影响

在城市道路交叉口中具有较多的非机动车流和行人流，它们以当量人群的形式对机动车流的通行产生了较大的影响。在无控制交叉口处，不存在优先车流，所有冲突车流都要相互穿插前进。另外经现场观测，由于城市无控制交叉口一般由两支路相交而成，交叉口处机动车流的通行速度较低，其和当量人群流之间也不存在着明显的优先等级，往往是彼此寻找对方的间隙穿插通过。

由图 7-10 可知，在城市无控制交叉口中，对于直行和左转车流来说，

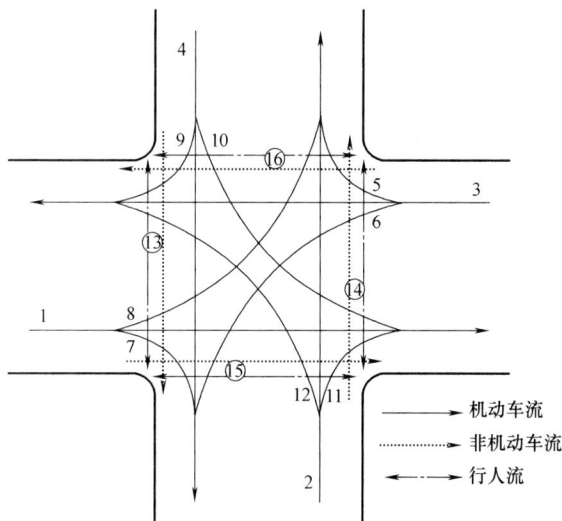

图 7-10　无控制交叉口交通流向及冲突示意图

其通过交叉口的过程中除了要穿越四个机动车流冲突点外，还要穿越两个当量人群流冲突点。另外，由于城市无控制交叉口面积一般较小，交叉口各进口的当量人群流和与其相邻的机动车流之间也往往相距较近，它们共同构成了直行和左转车流的冲突交通流，对其通行产生影响。

对于右转车流来说，其通过交叉口的过程中和机动车流之间只存在着分、合流的情况，在假设交叉口各进口具有专用车道的情况下，它们对右转车流通行能力的影响不是很大。但右转车流在通过交叉口的过程中均要经历两个当量人群流冲突点，它们对机动车流的通行产生了较大的影响。

当量人群流影响下的各流向的机动车流通行能力分别如下：

（1）直行车流通行能力

1、3车流的通行能力计算如式（7-57）所示：

$$C_{m,1-3}=\frac{3600}{T_{1,3-2,4,6,8,10,12,13,14}}\left\{\frac{T_{2,4,6,8,10,12,13,14}*v_{1,3}}{S_{S1,3}-v_{1,3}}*S_{S1,3}+\frac{1}{X_{1,3}}-1\right\}$$

$$(7-57)$$

式中　$T_{1,3-2,4,6,8,10,12,13,14}$——1，3，2，4，6，8，10，12，13，14流向各通过一列车队所需时间，s；

$T_{2,4,6,8,10,12,13,14}$——2，4，6，8，10，12，13，14流向各通过一个车队所需时间，s；

$X_{1,3}$——1，3组合车流延迟分布的残存函数；

其他参数意义同前。

2、4车流的通行能力计算如式（7-58）所示：

$$C_{m,2-4}=\frac{3600}{T_{2,4-1,3,6,8,10,12,15,16}}\left\{\frac{T_{1,3,6,8,10,12,15,16}*v_{2,4}}{S_{S2,4}-v_{2,4}}*S_{S2,4}+\frac{1}{X_{2,4}}-1\right\}$$

$$(7-58)$$

式中　$T_{2,4-1,3,6,8,10,12,15,16}$——2，4，1，3，6，8，10，12，15，16流向各通过一列车队所需时间，s；

$T_{1,3,6,8,10,12,15,16}$——1，3，6，8，10，12，15，16流向各通过一个车队所需时间，s；

$X_{2,4}$——2，4组合车流延迟分布的残存函数；

其他参数意义同前。

在直行车流的通行能力计算中，与直行组合车流1、3相冲突的交通流包括：2、4、6、8、10、12、13、14，它们中的任何一个都可以构成1、3车流的冲突交通流。但在这些冲突交通流之间也存在着可能的冲突组合问题，它们不可能同时通过交叉口对直行组合车流1、3产生影响，在某一时刻只可能存在某种可能的组合作为1、3组合车流的冲突交通流通过。通过对这些冲突交通流进行分析，它们之间可能的冲突组合见表7-5所列。

同理，与直行组合车流2、4相冲突的交通流包括：1、3、6、8、10、

12、15、16，它们之间也存在着可能的冲突组合，在某一时刻只可能有某种组合作为 2、4 车流的冲突交通流通过交叉口。这些可能的冲突组合见表 7-5 所列。

直行组合车流的可能冲突组合 表 7-5

直行组合车流	冲突交通流	冲突交通流的可能组合
1,3 组合车流	2 车流	2,4,13,14;2,8,14;
	4 车流	2,12,14;4,6,13;
	6 车流	4,10,13;6,8;
	8 车流	10,12;
	10 车流	2,13,14;4,13,14;
	12 车流	6,13;8,14;
	13 当量人群流	10,13;12,14;
	14 当量人群流	13,14
2,4 组合车流	1 车流	1,3,15,16;1,8,15;
	3 车流	1,10,15;3,6,16;
	6 车流	3,12,16;6,8;
	8 车流	10,12;
	10 车流	1,15,16;3,15,16;
	12 车流	6,16;8,15;
	15 当量人群流	10,15;12,16;
	16 当量人群流	15,16

在表 7-5 所示的冲突交通流组合中，没有对机动车流和单一当量人群流进行组合。这是因为通过对交叉口进行调查发现，高峰时人行横道处的 15min 当量人数一般都超过了 150 当量人，此时平均每分钟将有 5 个当量人群通过，再加上机动车流对当量人群的阻断，一般情况下只要有机会通行，各人行横道处同时都有当量人群通过。

（2）左转车流通行能力

6、8 车流的通行能力计算如式（7-59）所示：

$$C_{m,6-8} = \frac{3600}{T_{6,8-1,2,3,4,10,12,13,14,15,16}} \left\{ \frac{T_{1,2,3,4,10,12,13,14,15,16} * v_{6,8}}{S_{S6,8} - v_{6,8}} * S_{S6,8} + \frac{1}{X_{6,8}} - 1 \right\}$$

（7-59）

式中 $T_{6,8-1,2,3,4,10,12,13,14,15,16}$——6，8，1，2，3，4，10，12，13，14，15，16 流向各通过一列车队所需时间，s；

$T_{1,2,3,4,10,12,13,14,15,16}$——1，2，3，4，10，12，13，14，15，16 流向通过一个车队所需时间，s；

$X_{6,8}$——6，8 组合车流延迟分布的残存函数；

其他参数意义同前。

10、12车流的通行能力计算如式（7-60）所示：

$$C_{m,10-12}=\frac{3600}{T_{10,12-1,2,3,4,6,8,13,14,15,16}}\left\{\frac{T_{1,2,3,4,6,8,13,14,15,16}\times v_{10,12}}{S_{S10,12}-v_{10,12}}\times S_{S10,12}+\frac{1}{X_{10,12}}-1\right\}$$

$$(7-60)$$

式中　$T_{10,12-1,2,3,4,6,8,13,14,15,16}$——10，12，1，2，3，4，6，8，13，14，15，16流向各通过一列车队所需时间，s；

$T_{1,2,3,4,6,8,13,14,15,16}$——1，2，3，4，6，8，13，14，15，16流向通过一个车队所需时间，s；

$X_{10,12}$——10，12组合车流延迟分布的残存函数；

其他参数意义同前。

在左转组合车流通过交叉口的过程中，其冲突交通流之间也存在着可能的冲突组合问题，在某一时刻只可能有某种冲突组合与左转车流构成一对冲突交通流。左转组合车流的冲突交通流可能组合见表7-6所列。

左转组合车流的可能冲突组合　　　　　　　表7-6

左转组合车流	冲突交通流	冲突交通流的可能组合
6、8组合车流	1车流	1、3、15、16；1、10、15；
	2车流	3、12、16；2、4、13、14；
	3车流	2、12、14；4、10、13；
	4车流	10、12；
	10车流	1、15、16；2、13、14；
	12车流	3、15、16；4、13、14；
	13当量人群流	10、13、15；2、14、16；
	14当量人群流	13、14、15、16
	15当量人群流	
	16当量人群流	
10、12组合车流	1车流	1、3、15、16；1、8、15；
	2车流	3、6、16；2、4、13、14；
	3车流	2、8、14；4、6、13；
	4车流	6、8；
	6车流	1、15、16；2、13、14；
	8车流	3、15、16；4、13、14；
	13当量人群流	6、13、16；8、14、15；
	14当量人群流	13、14、15、16
	15当量人群流	
	16当量人群流	

（3）右转车流通行能力

各入口引道右转车流理论上不必穿越其他车流，只有与其他车流的合流冲突。

1) 当右转车流不受当量人群流影响或影响很小时，记右转车流的基本通行能力为 $C_{p,i}$，$i=5$、7、9、11，则：

$$C_{p,i}=3600/t_{fi}，i=5、7、9、11 \tag{7-61}$$

式中　t_{fi}——右转车流不受当量人群流影响或影响很小时的随车时距，s。

2) 当右转车流受当量人群流影响或影响较大时，记当量人群流对右转车流 5、7、9、11 的影响系数为 $K_{i,pb}$，$i=5$、7、9、11，则：

$$K_{5,pb}=R_{14}(t_c)R_{16}(t_c) \tag{7-62}$$

$$K_{7,pb}=R_{13}(t_c)R_{15}(t_c) \tag{7-63}$$

$$K_{9,pb}=R_{13}(t_c)R_{16}(t_c) \tag{7-64}$$

$$K_{11,pb}=R_{14}(t_c)R_{15}(t_c) \tag{7-65}$$

式中　$R_i(t_c)$——当量人群流群时距分布的残存函数，$i=13$、14、15、16。

则考虑当量人群流影响时，右转车流的实际通行能力为 $C_{m,i}$。

$$C_{m,i}=(C_{p,i})K_{i,pb} \tag{7-66}$$

式中　i——右转交通流编号，$i=5$、7、9、11。

7.2.2.6　各流向通行能力计算中的参数确定

（1）冲突交通流残存函数值的确定

在上述直行和左转车流的通行能力分析中，记组合车流为 A 车流，冲突车流为 B 车流，二者的残存函数值分别为 X_A 和 X_B。由表 7-5 及表 7-6 可知，在 B 车流中共存在着 14 种可能的冲突组合，每一种冲突组合都可能与 A 车流构成一对冲突交通流。因此在 B 车流中共存在着 14 种可能的残存函数值，记这些残存函数值为 X_{Bi}，$i=1\sim14$。在这 14 种残存函数值转化为 B 车流总体的残存函数值时，根据冲突交通流中各种可能组合的交通量状况求其权重，按照这 14 种可能组合的权重值求其加权平均值作为 B 车流总体的残存函数值。记这 14 种组合状况的权重值分别为 w_i，$i=1\sim14$，那么：$X_B=\sum_{i=1}^{14}w_i X_{Bi}$，其中 X_{Bi} 需根据各冲突交通流组合的时距分布状况采用相应的公式进行计算。

城市无控制交叉口处当量人群流的群时距服从移位负指数分布，而对于到达城市无控制交叉口的机动车流来说，其车头时距可能服从移位负指数分布，也可能服从 M3 分布。因此，各种冲突交通流组合的时距分布状况有如下三种可能：移位负指数分布＋移位负指数分布、M3 分布＋M3 分布、移位负指数分布＋M3 分布，并且每类分布的交通流条数也可能不只一条。因此，由各组合交通流叠加形成的延迟分布的残存函数也存在着三种可能。记组合车流延迟分布的残存函数为 X_{Com}，则：

1）当组合车流的车头时距均服从移位负指数分布时，残存函数为：

$$X_{\mathrm{Com}}=R_{\gamma,I_k}(t_c)=\frac{e^{-\sum_{i\in I_k}\theta_i(t_c-t_{p,i})}}{\prod_{i\in I_k}(1+\theta_i t_{p,i})} \tag{7-67}$$

2）当组合车流的车头时距均服从 M3 分布时，残存函数为：

$$X_{\mathrm{Com}}=R_{\gamma,I_k}(t_c)=e^{-\sum_{i\in I_k}\gamma_i(t_c-t_{p,i})}\prod_{i\in I_k}\frac{\phi_i}{\phi_i+\gamma_i t_{p,i}} \tag{7-68}$$

3）当组合车流中部分车流的车头时距服从移位负指数分布，部分车流的车头时距服从 M3 分布时，残存函数为：

$$X_{\mathrm{Com}}=R_{\gamma,I_k}(t_c)=\prod_{i\in I_{k1}}R_{\gamma,i}(t_c)\prod_{i\in I_{k2}}R_{\gamma,i}(t_c)=\frac{e^{-\left(\sum_{i\in I_{k1}}\theta_i(t_c-t_{p,i})+\sum_{i\in I_{k2}}\gamma_i(t_c-t_{p,i})\right)}\prod_{i\in I_{k2}}\phi_i}{\prod_{i\in I_{k1}}(1+\theta_i t_{p,i})\prod_{i\in I_{k2}}(\phi_i+\gamma_i t_{p,i})}$$

$$\tag{7-69}$$

另外，对于左转组合车流 6、8 的第 14 种冲突交通流组合 13、14、15、16，由于左转车流 6 只需穿越 14、15，左转车流 8 只需穿越 13、16，故取 $X_{\mathrm{B14}}=(X_{14,15}+X_{13,16})/2$。同理对于左转组合车流 10、12 的第 14 种冲突交通流组合 13、14、15、16，取 $X_{\mathrm{B14}}=(X_{14,16}+X_{13,15})/2$。

（2）冲突交通流交通量、饱和流率、最小车头时距

由表 7-5 及表 7-6 可知，对于直行和左转组合车流来说，它们的潜在冲突交通流个数分别为 8 个和 10 个。但这些冲突交通流并不同时对组合车流构成冲突，因此在求冲突交通流的交通量和饱和流率时不能直接按照各种冲突交通流的交通量和饱和流率值求和，也可按照各种组合状况的权重求其加权平均值作为冲突交通流的交通量和饱和流率值。记各种组合状况的交通量为 v_i，饱和流率为 S_{Si}，权重为 w_i，$i=1\sim14$，则：$v_{\mathrm{B}}=\sum_{i=1}^{14}w_i v_i$，$S_{\mathrm{SB}}=\sum_{i=1}^{14}w_i S_{si}$。

由于对于各冲突交通流组合来说，其最小时距 $t_{pi}=0$，$i=1\sim14$，因此对于整个冲突交通流来说，可取其最小车头时距 $t_{p\mathrm{B}}=0$。

（3）临界间隙值的确定

在前述通行能力分析中，将左转车流简化成了直行车流，这样在直行组合车流和其冲突交通流之间、左转组合车流和其冲突交通流之间就只存在直角交叉的情况。这只是为了研究的方便，在实际的通行能力计算中，不能以两直行车流相交时的临界间隙和随车时距值代替实际的直行和左转车流相交时的临界间隙和随车时距值，因为非直角穿插时的临界间隙和随车时距值要大于直角穿插，以消除这种简化对通行能力的影响。

另外，在上述 A、B 车流的残存函数计算中，A 车流中的临界间隙值 $t_{c\mathrm{A}}$ 应该是 B 车流穿越时的最小可接受间隙值，而 B 车流中的临界间隙值

t_{cB} 应该是 A 车流穿越时的最小可接受间隙值。当 B 车流穿越 A 车流时，由于 B 车流由直行和左转两种流向的交通流构成，二者的临界间隙值不同，因此计算 t_{cA} 时应该按照 B 车流中直行和左转两种流向的流量状况对其临界间隙值进行加权平均，将此加权平均值作为 A 车流中的临界间隙值。B 车流中的临界间隙值可根据 A 车流的流向状况取其对应的可接受间隙值。

7. 2. 2. 7　共用车道情况下的通行能力分析

城市无控制交叉口一般位于两支路相交处，相交道路一般路幅较窄，因此进口道各流向一般没有专用车道。共用车道情况下交叉口进口道的通行能力计算可采用与主路优先交叉口相同的分析方法，即：

$$C_{sh} = \frac{\sum\limits_{y} V_y}{\sum\limits_{y} (V_y/C_{m,y})} \qquad (7-70)$$

式中　C_{sh}——共用车道的通行能力，pcu/h；

V_y——共用车道中流向 y 的交通流率，pcu/h；

$C_{m,y}$——共用车道中流向 y 的通行能力，pcu/h。

7.3　应用流程

7.3.1　主路优先交叉口分析方法应用

主路优先控制交叉口的分析通常应用于评价交叉口在当前交通条件下的运行状况或者估计预期交通需求的影响。7.2.1 节介绍的方法可以分析现有的或者规划中的主路优先控制交叉口的服务水平，根据交叉口的期望改进或者更新设计方案，其分析步骤如下：

（1）几何尺寸和交通流量状况。需要调查交叉口每个入口引道的车道数及其渠划方式，交叉口机动车、非机动车和行人的流量和流向，并将机动车流量换算为标准车流量，非机动车转化为当量人群流量。

（2）机动车流和当量人群流的到达时距分布。根据入口引道距上游信号交叉口的距离判断机动车流的到达车头时距分布。

（3）交叉口基本通行能力的计算。计算主路右转交通流的基本通行能力、次路右转交通流的基本通行能力、主路左转交通流的基本通行能力、次路直行交通流的基本通行能力和次路左转交通流的基本通行能力。

（4）交叉口实际通行能力的计算。分析机动车流之间的阻抗影响，当量人群流对机动车的阻抗影响和公用车道对通行能力的影响。

（5）交叉口的服务水平分析。根据交通流的需求计算服务水平，或者计算各级服务水平下的通行能力。

其计算步骤如图 7-11 所示，其中计算表为附录 7-1 中主路优先控制交叉口的计算表。

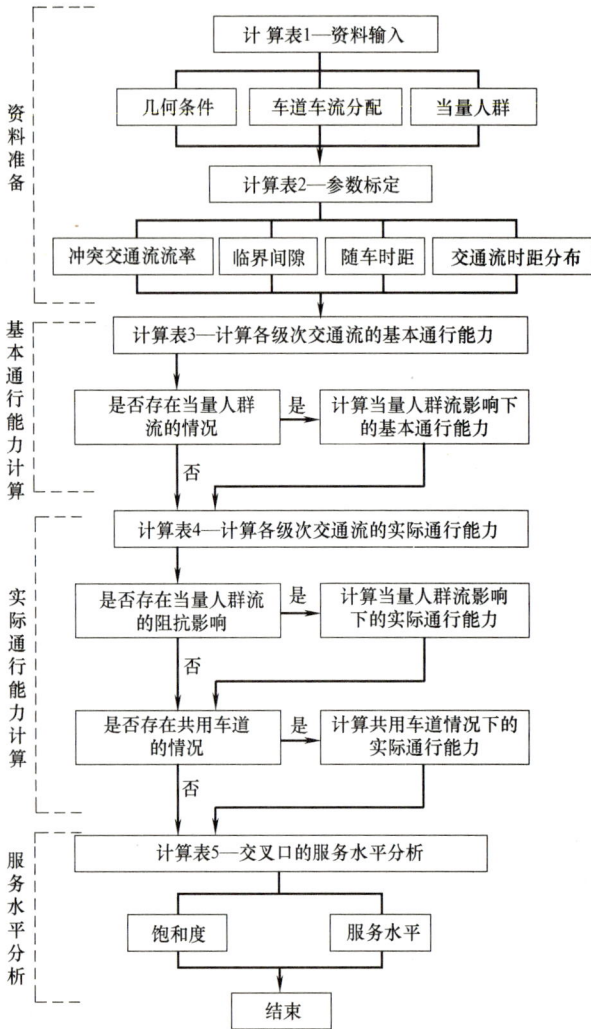

图 7-11   主路优先交叉口的计算表流程图

7.3.2   无控制交叉口分析方法应用

无控制交叉口的分析通常应用于评价交叉口在当前交通条件下的运行状况或者估计预期交通需求的影响。7.2.2 节介绍的方法可以分析现有的或者规划中的无控制交叉口的服务水平，其分析步骤如下：

（1）几何尺寸和交通流量状况。需要调查交叉口每个入口的车道数及其渠划方式，交叉口机动车、非机动车和行人的流量和流向，并将机动车流量换算为标准车流量，非机动车转化为当量人群流量。

（2）机动车流和当量人群流的到达时距分布。根据入口引道距上游信号交叉口的距离判断机动车流的到达车头时距分布。

（3）交叉口通行能力的计算。根据调查的车流临界间隙和随车时距计算交叉口的通行能力。依次计算直行车流的通行能力、左转车流的通行能力和右转车流的通行能力。最后得到整个交叉口的通行能力。

（4）分析交叉口的服务水平和交通流运行状况。

其计算步骤如图 7-12 所示，其中计算表为附录 7-2 中无控制交叉口的计算表。

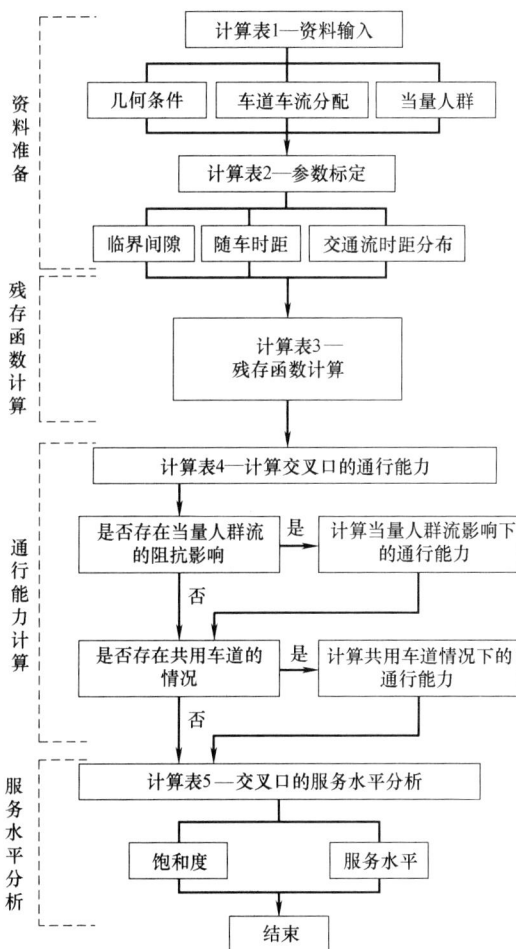

图 7-12　无控制交叉口的计算流程表

7.3.3　信号灯设置条件

本书介绍了城市无信号交叉口的信号灯设置条件，该部分内容主要参考了美国联邦公路管理局的相关研究成果，从流量（包括高峰小时流量、4h 流量和 8h 流量）、安全性以及综合因素方面提出了城市无信号交叉口的信号灯设置条件。

7.3.3.1　机动车高峰小时流量条件

路口机动车高峰小时流量超过表7-7中所列的数值时，应该设置信号灯。图7-16给出了机动车高峰小时流量信号灯设置条件的临界流量。

路口机动车高峰小时流量　　　　　　　表7-7

主要道路单向车道数（条）	次要道路单向车道数（条）	主要道路高峰小时流量（pcu/h）	流量较大次要道路单向高峰小时流量（pcu/h）
1	1	750	300
		900	230
		1200	140
1	≥2	750	400
		900	340
		1200	220
≥2	1	900	340
		1050	280
		1400	160
≥2	≥2	900	420
		1050	350
		1400	200

注：1. 主要道路指两条相交道路中流量较大的道路；次要道路是指两条相交道路中流量较小的道路。下同。

2. 车道数以距离交叉口50m以外的区划段或路段的车道数计。下同。

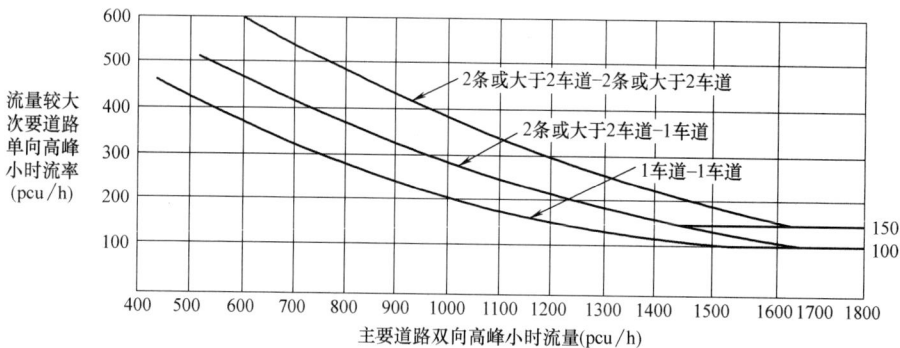

图7-13　路口机动车高峰小时信号灯设置临界条件

注：150pcu/h是2车道或大于2车道交叉口中次要道路的最小流量值；

100pcu/h是单车道交叉口中次要道路的最小流量值。

7.3.3.2　任意连续4h的机动车小时流量条件

路口任意连续4h的机动车平均小时流量超过表7-8所列数值时，应该设置信号灯。图7-17给出了任意连续4h机动车小时流量信号灯设置条件的临界流量。

		路口任意连续 4h 机动车小时流量	表 7-8
主要道路单向车道数（条）	次要道路单向车道数（条）	主要道路双向任意连续 4h 平均小时流量（pcu/h）	流量较大次要道路单向任意连续 4h 平均小时流量（pcu/h）
1	1	750	160
		500	260
1	≥2	750	200
		500	300
≥2	1	900	180
		600	280
≥2	≥2	900	240
		600	380

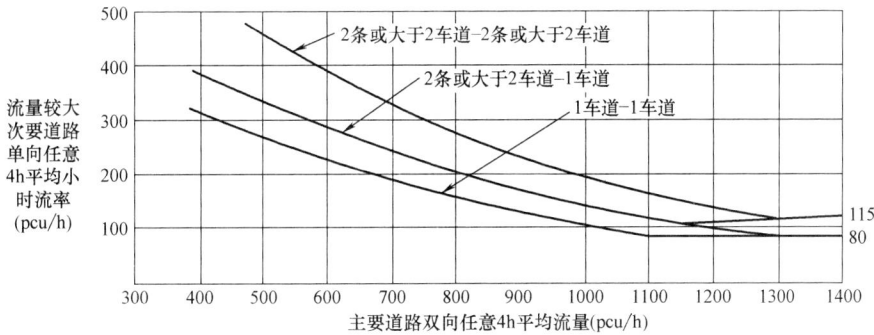

图 7-14　路口机动车任意连续 4h 信号灯设置临界条件

注：115pcu/h 是 2 车道或大于 2 车道交叉口中次要道路的最小流量值；80pcu/h
是单车道交叉口中次要道路的最小流量值。

7.3.3.3　任意连续 8h 的机动车小时流量条件

路口任意连续 8h 机动车平均小时流量超过表 7-9 所列的数值时，应该设置信号灯。

		路口任意连续 8h 机动车小时流量	表 7-9
主要道路单向车道数（条）	次要道路单向车道数（条）	主要道路双向任意连续 8h 平均小时流量（pcu/h）	流量较大次要道路单向任意连续 8h 平均小时流量（pcu/h）
1	1	750	75
		500	150
1	≥2	750	100
		500	200
≥2	1	900	75
		600	150
≥2	≥2	900	100
		600	200

7.3.3.4 交通事故条件

对于3年内平均每年发生5次以上交通事故的路口，从事故原因分析通过设置信号灯可避免发生事故的，应设置信号灯。

对3年内平均每年发生一次以上死亡交通事故的路口，应设置信号灯。

7.3.3.5 综合条件

当7.3.4.1、7.3.4.2、7.3.4.3和7.3.4.4节中有两个或者两个以上条件达到80%时，路口应设置信号灯。

7.4 实践算例

7.4.1 算例7-1——十字形主路优先交叉口运行状况分析

已知：某十字型主路优先交叉口，东西向路为单幅路，双向两车道；南北向路为三幅路，双向四车道，机非绿化隔离，两入口引道分别为直左和直右共用车道，左转非机动车辆二次过街。

求解：该十字型主路优先交叉口的通行能力和服务水平。

步骤如下。

计算步骤见表7-10～表7-14所列。

算例7-1 计算表1   表7-10

一般信息	场地信息
分析员：＿＿＿＿＿＿ 单　位：＿＿××大学＿＿ 调查日期：＿＿2008.8＿＿	交叉口名称:光明路/曙光街 分析时间周期：＿＿早高峰＿＿ 分析日期：＿＿2008.11＿＿
几何条件和交通流向	

续表

机动车车道车流分配									
入口引道机动车流		机动车道 1			机动车道 2			机动车道 3		
		左转	直行	右转	左转	直行	右转	左转	直行	右转
1,2,3	小时流率(pcu/h)	40	582			141	89			
4,5,6	小时流率(pcu/h)	115	497			162	64			
7,8,9	小时流率(pcu/h)	32	87	107						
10,11,12	小时流率(pcu/h)	105	97	55						

当量人群				
交通流向	13	14	15	16
当量人数(当量人/h)	900	830	3251	1939
当量人群的群个数(群/h)	352	338	448	453

备注

算例 7-1 计算表 2　　　　　　表 7-11

一般信息

项目描述：　算例 7-1

交叉口各次级交通流的独立优先冲突流率										
次级交通流		3	6	9	12	1	4	8	11	7	10
冲突机动车流(pcu/h)	2a	—	—	—	—	—	582	582	582	582	582
	2b	—	—	141	—	—	141	141	141	141	—
	5a	—	—	—	497	—	497	497	497	497	497
	5b	—	—	162	162	162	—	162	162	—	162
冲突当量人群流率(群/h)	15	448	—	448	—	—	448	448	448	448	—
	16	—	453	—	453	453	—	453	453	—	453

次级机动车流穿越机动车流的临界间隙和随车时距					
次级机动车流转向状态	主路左转(1、4)	主路右转(3、6)	次路左转(7、10)	次路直行(8、11)	次路右转(9、12)
临界间隙(s)	5.38	—	5.90	5.39	4.24
随车时距(s)	2.70	—	3.01	2.86	2.37

次级机动车流穿越当量人群的临界间隙和随车时距					
次级机动车流转向状态	主路左转(1、4)	主路右转(3、6)	次路左转(7、10)	次路直行(8、11)	次路右转(9、12)
临界间隙(s)	3.48	3.27	3.48	3.01	3.27
随车时距(s)	2.34	2.48	2.34	2.27	2.48

续表

	交通流的到达时距分布							
到达 交通流	1、2、3 （车道 1）	1、2、3 （车道 2）	4、5、6 （车道 1）	4、5、6 （车道 2）	13	14	15	16
符合分布形式	M3 分布	M3 分布	M3 分布	移位 负指数	移位 负指数	移位 负指数	移位 负指数	移位 负指数

备注
机动车流的最小车头时距为 2s，当量人群流的最小群时距为 1s； 南入口引道内、外侧车道的直行交通流分别以 2a、2b 表示，北入口引道内外侧车道的直行交通流分别以 5a、5b 表示； 本例中，左转非机动车采用二次过街的方式通过交叉口

算例 7-1 计算表 3　　　　　　　　　　　　表 7-12

一般信息		
项目描述：　算例 7-1		

交叉口各次级交通流的基本通行能力		
第一步：主路右转	3	6
相冲突的优先交通流流率 当量人群流最小群时距 临界间隙 随车时距 基本通行能力（式 7-4/式 7-5）	$v_M=448$ $t_p=1$ $t_c=3.27$ $t_f=2.48$ $C_{p,3}=1092$（式 7-4）	$v_M=453$ $t_p=1$ $t_c=3.27$ $t_f=2.48$ $C_{p,6}=1088$（式 7-4）
第二步：次路右转	9	12
次路车流 自由流比例 基本通行能力（式 7-7/式 7-8/式 7-9/式 7-12/式 7-13）	$k_1=\{15\}$ $k_2=\{2b\}$ $\phi_{2b}=0.94$ $C_{p,9}=972$（式 7-12）	$k=\{16,5b\}$ $C_{p,12}=947$（式 7-12）
第三步：主路左转	1	4
次路车流 次路车流 自由流比例 基本通行能力（式 7-7/式 7-8/式 7-9/式 7-12/式 7-13）	$k_1=\{16,5b\}$ $k_2=\{5a\}$ $\phi_{5a}=0.83$ $C_{p,1}=427$（式 7-12）	$k_1=\{15\}$ $k_2=\{2a,2b\}$ $\phi_{2a}=0.79\phi_{2b}=0.94C_{p,4}$ $=386$（式 7-12）
第四步：次路直行（仅对四路交叉口）	8	11
次路车流 次路车流 自由流比例 自由流比例 自由流比例 基本通行能力（式 7-7/式 7-8/式 7-9/式 7-12/式 7-13）	$k_1=\{15,16,5b\}$ $k_2=\{2a,2b,5a\}$ $\phi_{2a}=0.79$ $\phi_{2b}=0.94$ $\phi_{5a}=0.83$ $C_{p,8}=123$（式 7-12）	$k_1=\{15,16,5b\}$ $k_2=\{2a,2b,5a\}$ $\phi_{2a}=0.79$ $\phi_{2b}=0.94$ $\phi_{5a}=0.83$ $C_{p,11}=123$（式 7-12）

续表

第五步:次路左转	7	10
次路车流	$k_1=\{15\}$	$k_1=\{16,5b\}$
次路车流	$k_2=\{2a,2b,5a\}$	$k_2=\{2a,5a\}$
自由流比例	$\phi_{2a}=0.79$	$\phi_{2a}=0.79$
自由流比例	$\phi_{2b}=0.94\ \phi_{5a}=0.83$	$\phi_{5a}=0.83$
基本通行能力(式7-7/式7-8/式7-9/式7-12/式7-13)	$C_{p,7}=151$(式7-12)	$C_{p,10}=144$(式7-12)

备注
基本通行能力计算公式的选择依据是交通流时距分布形式和是否受到当量人群的影响

算例 7-1 计算表 4 表 7-13

一般信息
项目描述: 算例7-1

交叉口各次级交通流的实际通行能力		
第一步:主路右转	3	6
等于其基本通行能力(式7-16)	$C_{m,3}=C_{p,3}=1092\text{pcu/h}$	$C_{m,6}=C_{p,6}=1088\text{pcu/h}$
第二步:次路右转	9	12
等于其基本通行能力(式7-16)	$C_{m,9}=C_{p,9}=972\text{pcu/h}$	$C_{m,12}=C_{p,12}=947\text{pcu/h}$
第三步:主路左转	1	4
无排队概率 排队概率 排队概率 通行能力影响系数 实际通行能力(式7-17)	$p_{0,6}=0.941$ $1-p_{0,6}=0.059$ $1-V_{5b}/S_{5b}=0.897$ $f_1=p_{0,6}^*=0.934$ $C_{m,1}=(C_{p,1})f_1=399\text{pcu/h}$	$p_{0,3}=0.918$ $1-p_{0,3}=0.082$ $1-V_{2b}/S_{2b}=0.910$ $f_4=p_{0,3}^*=0.910$ $C_{m,4}=(C_{p,4})f_4=351\text{pcu/h}$
第四步:次路直行(仅对四路交叉口)	8	11
无排队概率 无排队概率 阻抗修正系数 阻抗修正系数 无排队概率 通行能力影响系数 实际通行能力(式7-20)	$p_{0,6}^*=0.934$ $p_{0,1}^*=0.854$ $p''=0.798$ $p'=0.845$ $p_{0,4}^*=0.552$ $f_8=p'p_{0,4}^*=0.466$ $C_{m,8}=(C_{p,8})f_8=57\text{pcu/h}$	$p_{0,3}^*=0.910$ $p_{0,4}^*=0.552$ $p''=0.502$ $p'=0.608$ $p_{0,1}^*=0.854$ $f_{11}=p'p_{0,1}^*=0.520$ $C_{m,11}=(C_{p,11})f_{11}=64\text{pcu/h}$
第五步:次路左转	7	10
阻抗修正系数 通行能力影响系数 实际通行能力(式7-23)	$C_{m,7}=0$	$C_{m,10}=0$

备注

修正系数和通行能力影响系数计算公式的选择依据为是否受到当量人群的影响和共用车道的影响;
交通流 7、10 的实际通行能力小于交通需求,故 $C_{m,7}=0,C_{m,10}=0$

算例 7-1 计算表 5　　　　　　　　　　表 7-14

一般信息									
项目描述：　算例 7-1									
交叉口服务水平与交通流运行状况分析									
交通流向	主路右转		次路右转		主路左转		次路直行		次路左转	
编号	3	6	9	12	1	4	8	11	7	10
交通流量（pcu/h）	89	64	107	55	40	115	87	97	62	105
通行能力（pcu/h）	1092	1088	972	947	399	351	57	64	0	0
饱和度	0.08	0.06	0.11	0.06	0.10	0.33	>1	>1	>1	>1
服务水平	一级	一级	一级	一级	一级	一级	五级	五级	五级	五级
备注										

7.4.2　算例 7-2——十字型无控制交叉口运行状况分析

已知：某无控制交叉口，交叉口由两支路相交而成，两支路均为单幅路，双向两车道。非机动车随行人一起二次过街。

求解：该十字型无控制交叉口的通行能力和服务水平。

步骤：

计算步骤见表 7-15～表 7-19 所列。

算例 7-2 计算表 1　　　　　　　　　　表 7-15

一般信息	场地信息
分析员：　　　　　　　　　　单　位：　　××大学　　　　　调查日期：　2008.9	交叉口名称：劳动路/优越路　　分析时间周期：　早高峰　　　分析日期：　2008.10
几何条件和交通流向	

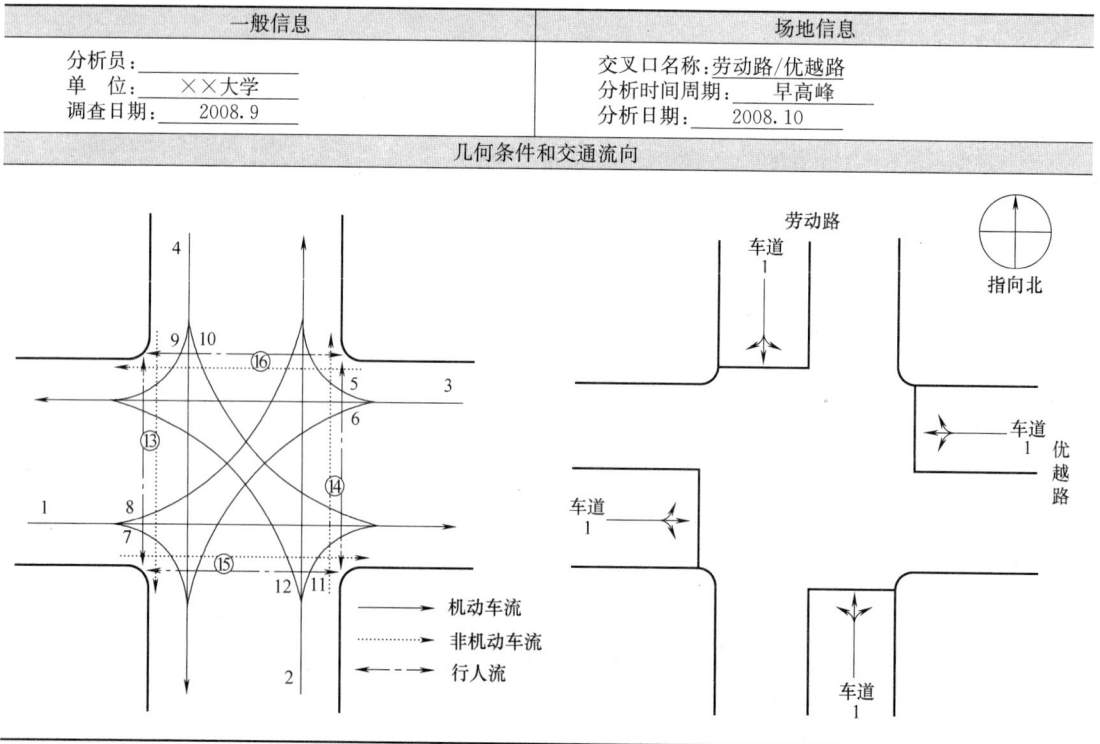

机动车流　非机动车流　行人流

续表

机动车车道车流分配									
入口引道机动车流		机动车道 1			机动车道 2			机动车道 3		
		左转	直行	右转	左转	直行	右转	左转	直行	右转
1、7、8	小时流率(pcu/h)	51	268	137						
2、11、12	小时流率(pcu/h)	88	163	128						
3、5、6	小时流率(pcu/h)	93	172	69						
4、9、10	小时流率(pcu/h)	63	200	67						

当量人群				
交通流向	13	14	15	16
当量人数(当量人/h)	640	543	1376	1007
当量人群的群个数(群/h)	301	279	424	372

备注

算例 7-2 计算表 2　　　　　　　　　　　　　　　　　　　　　表 7-16

一般信息

项目描述：　算例 7-2

机动车流穿越机动车流的临界间隙和随车时距		
转向	左转(6、8、10、12)	直行(1、2、3、4)	右转(5、7、9、11)
临界间隙(s)	5.37	5.03	4.18
随车时距(s)	2.69	2.56	2.38
最小时距(s)	1.96	1.72	1.92

机动车流穿越当量人群流(13、14、15、16)的临界间隙和随车时距		
转向	左转(6、8、10、12)	直行(1、2、3、4)	右转(5、7、9、11)
临界间隙(s)	3.48	3.01	3.27
随车时距(s)	2.34	2.27	2.48

交通流的到达时距分布							
到达交通流	1、7、8	2、11、12	3、5、6	4、9、10	13	14	15	16
符合分布形式	移位负指数	移位负指数	移位负指数	M3 分布	移位负指数	移位负指数	移位负指数	移位负指数

备注
当量人群流的最小群时距为 1s；当量人群流的饱和流率 $Q_{si}=0.31(i=13、14、15、16)$； 自由车流比例 ϕ，经调查取 $\phi_4=0.65$，$\phi_{10}=0.90$； 本例中，左转非机动车采用二次过街的方式通过交叉口

算例 7-2 计算表 3　　　　　　　　　　　　　　　　表 7-17

一般信息

项目描述：　算例 7-2

直行组合车流 A(1、3)的冲突交通流 B(2、4、6、8、10、12、13、14)的可能组合的残存函数值

可能组合 B_i	2,4,13,14	2,8,14	2,12,14	4,6,13	4,10,13	6,8	10,12	2,13,14	4,13,14	6,13	8,14	10,13	12,14	13,14
残存函数 X_{B_i}	0.37	0.57	0.54	0.53	0.56	0.81	0.81	0.47	0.47	0.67	0.72	0.70	0.69	0.59

直行组合车流 A(2、4)的冲突交通流 B(1、3、6、8、10、12、15、16)的可能组合的残存函数值

可能组合 B_i	1,3,15,16	1,8,15	1,10,15	3,6,16	3,12,16	6,8	10,12	1,15,16	3,15,16	6,16	8,15	10,15	12,16	15,16
残存函数 X_{B_i}	0.24	0.41	0.41	0.48	0.48	0.81	0.81	0.32	0.37	0.62	0.63	0.62	0.63	0.48

左转组合车流 A(6、8)的冲突交通流 B(1、2、3、4、10、12、13、14、15、16)的可能组合的残存函数值

可能组合 B_i	1,3,15,16	1,10,15	3,12,16	2,4,13,14	2,12,14	4,10,13	10,12	1,15,16	2,13,14	3,15,16	4,13,14	10,13,15	12,14,16	14,15,13,16
残存函数 X_{B_i}	0.21	0.37	0.45	0.33	0.65	0.52	0.80	0.27	0.42	0.32	0.43	0.42	0.44	0.48

左转组合车流 A(10、12)的冲突交通流 B(1、2、3、4、6、8、13、14、15、16)的可能组合的残存函数值

可能组合 B_i	1,3,15,16	1,8,15	3,6,16	2,4,13,14	2,8,14	4,6,13	6,8	1,15,16	2,13,14	3,15,16	4,13,14	6,13,16	8,14,15	14,16,13,15
残存函数 X_{B_i}	0.21	0.37	0.44	0.33	0.53	0.49	0.80	0.27	0.42	0.32	0.43	0.43	0.44	0.48

右转车流 5、7、9、11 的当量人群影响系数

右转车流编号	5	7	9	11
影响系数 $K_{i,pb}$	0.64	0.60	0.63	0.61

备注

算例 7-2 计算表 4　　　　　　　　　　　　　　　　　　表 7-18

一般信息		
项目描述：　算例 7-2		

各转向车流的通行能力		
直行车流的通行能力	直行组合车流 1、3	直行组合车流 2、4
车流 A 的残存函数值 车流 B 的残存函数加权平均 车流 A 的流量 车流 B 的流量 车流 A 的饱和流率 车流 B 的饱和流量 直行车流的通行能力(式 7-53、式 7-54、式 7-56、式 7-58)	$X_A=X_{1-3}=0.50$ $X_B=0.55$ $q_A=0.12\text{pcu/s}$ $q_B=0.17\text{pcu/s}$ $Q_{SA}=0.78\text{pcu/s}$ $Q_{SB}=0.97\text{pcu/s}$ $C_{m,1-3}=1050\text{pcu/h}$	$X_A=X_{2-4}=0.61$ $X_B=0.45$ $q_A=0.10\text{pcu/s}$ $q_B=0.22\text{pcu/s}$ $Q_{SA}=0.78\text{pcu/s}$ $Q_{SB}=0.97\text{pcu/s}$ $C_{m,2-4}=1197\text{pcu/h}$
左转车流的通行能力	左转组合车流 6、8	左转组合车流 10、12
车流 A 的残存函数值 车流 B 的残存函数加权平均值 车流 A 的流量 车流 B 的流量 车流 A 的饱和流率 车流 B 的饱和流量 直行车流的通行能力(式 7-55、式 7-56、式 7-59、式 7-60)	$X_A=X_{6-8}=0.81$ $X_B=0.40$ $q_A=0.04\text{pcu/s}$ $q_B=0.25\text{pcu/s}$ $Q_{SA}=0.74\text{pcu/s}$ $Q_{SB}=1.12\text{pcu/s}$ $C_{m,6-8}=574\text{pcu/h}$	$X_A=X_{10-12}=0.81$ $X_B=0.39$ $q_A=0.04\text{pcu/s}$ $q_B=0.25\text{pcu/s}$ $Q_{SA}=0.74\text{pcu/s}$ $Q_{SB}=1.14\text{pcu/s}$ $C_{m,10-12}=598\text{pcu/h}$

右转车流的通行能力	右转车流 5	右转车流 7	右转车流 9	右转车流 11
基本通行能力(式 7-61) 当量人群影响系数(如需要) 通行能力(式 7-62~式 7-65)	$C_{p,i}=1452$ $K_{5,pb}=0.64$ $C_{m,5}=923$	$C_{p,i}=1452$ $K_{7,pb}=0.60$ $C_{m,7}=872$	$C_{p,i}=1452$ $K_{9,pb}=0.63$ $C_{m,9}=908$	$C_{p,i}=1452$ $K_{11,pb}=0.61$ $C_{m,11}=886$

共用车道影响(如需要)				
入口引道车流	6、3、5	8、1、7	12、2、11	10、4、9
通行能力(式 7-70)	$C_e=460\text{pcu/h}$	$C_w=540\text{pcu/h}$	$C_s=533\text{pcu/h}$	$C_n=534\text{pcu/h}$

整个交叉口的通行能力	
总通行能力	$C_A=C_e+C_w+C_s+C_n=2067\text{pcu/h}$

备注	
通行能力计算公式的选择依据是否受到当量人群的影响	

算例 7-2 计算表 5　　　　　　　　　　　　　　　　　　表 7-19

一般信息				
项目描述：　算例 7-2				

交叉口服务水平与交通流运行状况分析				
入口引道车流编号	6、3、5	8、1、7	12、2、11	10、4、9	整个路口
交通流量(pcu/h)	334	456	379	330	1499
通行能力(pcu/h)	460	540	533	534	2067
饱和度	0.73	0.84	0.71	0.62	0.73
服务水平	三级	四级	三级	三级	三级
备注				

7.5 附录

7.5.1 附录 7-1 主路优先控制交叉口的计算表

主路优先控制交叉口的计算表　　　　　　　　表 7-20

一般信息	场地信息
分析员：＿＿＿＿＿＿ 单　位：＿＿＿＿＿＿ 调查日期：＿＿＿＿＿＿	交叉口名称：＿＿＿＿＿＿ 分析时间周期：＿＿＿＿＿ 分析日期：＿＿＿＿＿

几何条件和交通流向

机动车车道车流分配									
入口引道机动车流	机动车道 1			机动车道 2			机动车道 3		
	左转	直行	右转	左转	直行	右转	左转	直行	右转
1,2,3 小时流率（pcu/h）									
4,5,6 小时流率（pcu/h）									
7,8,9 小时流率（pcu/h）									
10,11,12 小时流率（pcu/h）									

当量人群			
交通流向			
当量人数(当量人/h)			
当量人群的群个数(群/h)			

备注

附录 7-1 计算表 1 表 7-21

一般信息									
项目描述：									

交叉口各次级交通流的独立优先冲突流流率

次级交通流									
冲突 机动车流 （pcu/h）									
冲突当量人群 流率（群/h）									

次级机动车流穿越机动车流的临界间隙和随车时距

次级机动车流 转向状态	主路左转 （1、4）	主路右转 （3、6）	次路左转 （7、10）	次路直行 （8、11）	次路右转 （9、12）
临界间隙(s)					
随车时距(s)					

次级机动车流穿越当量人群的临界间隙和随车时距

次级机动车流 转向状态	主路左转 （1、4）	主路右转 （3、6）	次路左转 （7、10）	次路直行 （8、11）	次路右转 （9、12）
临界间隙(s)					
随车时距(s)					

交通流的到达时距分布

到达交通流									
符合分布形式									

备注

附录 7-1 计算表 2 表 7-22

一般信息
项目描述：

交叉口各次级交通流的基本通行能力

第一步：主路右转	3	6
相冲突的优先交通流流率 当量人群流最小群时距 临界间隙 随车时距 基本通行能力(式 7-4/式 7-5)		

续表

第二步:次路右转	9	12
次路车流 自由流比例 基本通行能力(式 7-7/式 7-8/式 7-9/式 7-12/式 7-13)		
第三步:主路左转	1	4
次路车流 次路车流 自由流比例 基本通行能力(式 7-7/式 7-8/式 7-9/式 7-12/式 7-13)		
第四步:次路直行(仅对四路交叉口)	8	11
次路车流 次路车流 自由流比例 自由流比例 自由流比例 基本通行能力(式 7-7/式 7-8/式 7-9/式 7-12/式 7-13)		
第五步:次路左转	7	10
次路车流 次路车流 自由流比例 自由流比例 基本通行能力(式 7-7/式 7-8/式 7-9/式 7-12/式 7-13)		
备注		
基本通行能力计算公式的选择依据是交通流时距分布形式和是否受到当量人群的影响		

附录 7-1 计算表 3　　　　　　　　　　　　　　　　　　表 7-23

一般信息		
项目描述:_____		
交叉口各次级交通流的实际通行能力		
第一步:主路右转	3	6
等于其基本通行能力(式 7-16)		
第二步:次路右转	9	12
等于其基本通行能力(式 7-16)		
第三步:主路左转	1	4
无排队概率 排队概率 排队概率 通行能力影响系数 实际通行能力(式 7-17)		
第四步:次路直行(仅对四路交叉口)	8	11
无排队概率		

续表

第四步:次路直行(仅对四路交叉口)	8	11
无排队概率 阻抗修正系数 阻抗修正系数 无排队概率 通行能力影响系数 实际通行能力(式 7-20)		
第五步:次路左转	7	10
阻抗修正系数 通行能力影响系数 实际通行能力(式 7-23)		
备注		
修正系数和通行能力影响系数的计算公式的选择依据是否受到当量人群的影响和共用车道的影响		

附录 7-1 计算表 4　　　　　　　　　　　　　　　　　表 7-24

一般信息									
项目描述:_____									
交叉口服务水平与交通流运行状况分析									
交通流向	主路右转		次路右转		主路左转		次路直行		次路左转	
编号	3	6	9	12	1	4	8	11	7	10
交通流量 （pcu/h）										
通行能力 （pcu/h）										
饱和度										
服务水平										
备注										

7.5.2　附录 7-2 无控制交叉口的计算表

附录 7-2 计算表 1　　　　　　　　　　　　　　　　　表 7-25

一般信息	场地信息
分析员:_____	交叉口名称:_____
单　位:_____	分析时间周期:_____
调查日期:_____	分析日期:_____
几何条件和交通流向	
机动车车道车流分配	

续表

入口引道机动车流		机动车道 1			机动车道 2			机动车道 3		
		左转	直行	右转	左转	直行	右转	左转	直行	右转
1,7,8	小时流率(pcu/h)									
2,11,12	小时流率(pcu/h)									
3,5,6	小时流率(pcu/h)									
4,9,10	小时流率(pcu/h)									
当量人群										
交通流向		13			14			15		16
当量人数(当量人/h)										
当量人群的群个数(群/h)										
备注										

附录 7-2 计算表 2 　　　　　　　　　　　　　　　表 7-26

一般信息			
项目描述：_____			
机动车流穿越机动车流的临界间隙和随车时距			
转向	左转(6、8、10、12)	直行(1、2、3、4)	右转(5、7、9、11)
临界间隙(s)			
随车时距(s)			
最小时距(s)			

机动车流穿越当量人群流(13、14、15、16)的临界间隙和随车时距

转向	左转(6、8、10、12)	直行(1、2、3、4)	右转(5、7、9、11)
临界间隙(s)			
随车时距(s)			

交通流的到达时距分布

到达交通流	1,7,8	2,11,12	3,5,6	4,9,10	13	14	15	16
符合分布形式								
备注								

附录 7-2 计算表 3 　　　　　　　　　　　　　　　表 7-27

一般信息

项目描述：_____

直行组合车流 $A(1,3)$ 的冲突交通流 $B(2,4,6,8,10,12,13,14)$ 的可能组合的残存函数值

可能组合 B_i								
残存函数 X_{B_i}								

直行组合车流 $A(2,4)$ 的冲突交通流 $B(1,3,6,8,10,12,15,16)$ 的可能组合的残存函数值

可能组合 B_i								
残存函数 X_{B_i}								

续表

左转组合车流 A(6、8)的冲突交通流 B(1、2、3、4、10、12、13、14、15、16)的可能组合的残存函数值										
可能组合 B_i										
残存函数 X_{B_i}										

左转组合车流 A(10、12)的冲突交通流 B(1、2、3、4、6、8、13、14、15、16)的可能组合的残存函数值										
可能组合 B_i										
残存函数 X_{B_i}										

右转车流(5、7、9、11)的当量人群影响系数				
右转车流编号	5	7	9	11
影响系数 $K_{i,pb}$				

备注

附录 7-2 计算表 4　　　　　　　　　表 7-28

一般信息			
项目描述：_____			

各转向车流的通行能力			
直行车流的通行能力	直行组合车流 1、3		直行组合车流 2、4
车流 A 的残存函数值			
车流 B 的残存函数加权平均			
车流 A 的流量			
车流 B 的流量			
车流 A 的饱和流率			
车流 B 的饱和流量			
直行车流的通行能力(式 7-53、式 7-54、式 7-57、式 7-58)			
左转车流的通行能力	左转组合车流 6、8		左转组合车流 10、12
车流 A 的残存函数值			
车流 B 的残存函数加权平均			
车流 A 的流量			
车流 B 的流量			
车流 A 的饱和流率			
车流 B 的饱和流量			
左转车流的通行能力(式 7-55、式 7-56、式 7-59、式 7-60)			
右转车流的通行能力	右转车流 5	右转车流 7	右转车流 9	右转车流 11
基本通行能力(式 7-61)				
当量人群影响系数(如需要)				
通行能力(式 7-62~式 7-65)				
共用车道影响(如需要)				
入口引道车流	6、3、5、	8、1、7	12、2、11	10、4、9

续表

通行能力(式7-70)				
整个交叉口的通行能力				
总通行能力				
备注				
通行能力计算公式的选择依据是否受到当量人群的影响				

附录7-2 计算表5　　　　　　　表7-29

一般信息				
项目描述:_____				
交叉口服务水平与交通流运行状况分析				
入口引道车流编号	6、3、5	8、1、7	12、2、11	10、4、9	整个路口
交通流量(pcu/h)					
通行能力(pcu/h)					
饱和度					
服务水平					
备注					

第8章
城市主干路通行能力分析

城市主干路又称城市主干道，是城市中主要的常速交通道路，主要为相邻组团之间和市中心的中距离运输服务，是联系城市各组团及与城市对外交通枢纽联系的主要通道。城市主干路路段的基本通行能力是指在道路、交通都处于基准条件下，道路一条车道或一均匀路段上或一交叉点合理地期望通过人或车辆的最大小时流率。本章介绍城市主干路的通行能力和服务水平的分析方法。

8.1 基本概念

（1）主干路系统

主干路系统交叉口采用信号灯控制，属于间断流交通设施。因此，主干路系统可以看成是由主干路路段和信号交叉口共同组成的。

本章介绍的通行能力分析方法是针对城市主干路路段进行的，将主干路路段定义为：车辆驶出上游信号交叉口的位置到下一个信号交叉口停车线的部分，如图8-1所示。本章介绍的服务水平分析方法则是针对由主干路路段和信号交叉口组成的整条主干路进行的，将分析方向上的一条主干路路段和相邻的下游信号交叉口组成的部分定义为主干路区段，将其作为主干路服务水平分析的基本单位，如图8-1所示。在进行主干路服务水平分析时，通常将整条主干路划分为若干区段分别进行计算并汇总。

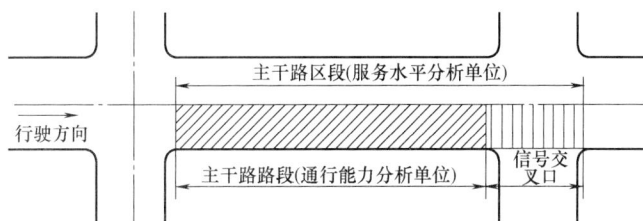

图8-1 主干路通行能力分析的基本单位

（2）车流运行速度

本章车流运行速度包括自由流速度、基本行驶速度、实际行驶速度三个概念。

　　自由流速度是指在交通量很小的远离交叉口的道路区间上，驾驶员不受其他车辆的干扰或交通信号限制时的行车速度。自由流速度可用于确定主干路分类和估计路段行驶时间。如果不能在现场观测自由流速度，则应该尝试在相同区域类似设施上进行测量，或者采用当地已制定的标准。

　　测量主干路自由流速度最好的地点是路段中部，尽可能地远离最近的信号控制或停车让路控制的交叉口。选在小交通量条件下（低于 200veh/h/ln）进行测量。本章按自由流速度范围及道路特点将主干路划分为三级：Ⅰ、Ⅱ和Ⅲ级，见表 8-1 所列。

城市主干路分级　　　　　　　　　　　　　　表 8-1

城市主干路等级	Ⅰ	Ⅱ	Ⅲ
自由流速度范围(km/h)	70～55	55～50	50～40
典型自由流速度(km/h)	65	55	45
车道数	≥3	2～4	2～3
专用左转车道	有	有	有时有
中央隔离	有	有	有时有
机非隔离	有	有	没有
出入口的密度	低密度	适中密度	高密度
平面过街设施密度	低密度	较低密度	中等密度

　　本章将基本行驶速度定义为：在主干路基准条件下，正常驾驶员在主干路路段上的行驶速度。值得注意的是主干路基准条件中不包括路段饱和度的情况，因此，即使是同一路段，当饱和度不同时，车辆在路段上的基本行驶速度也是不同的。

　　车辆实际行驶速度是主干路路段基本行驶速度受路段长度、出入口、公交站点和平面过街设施等实际因素影响后的车辆运行速度，可由基本行驶速度修正得到。

　　（3）通行能力基准条件

　　城市主干路路段通行能力分析基准条件是确定路段的基本通行能力和确定车辆在路段的基本行驶速度的基础，本章将主干路路段的基准条件规定如下：

　　➢ 车道宽 3.5m；

　　➢ 坡度为零；

　　➢ 路段右侧没有出入口；

　　➢ 路段上没有路边停车、公交站点和平面过街设施；

　　➢ 相邻交叉口间距大于 1000m；

　　➢ 交通流中只有小客车；

　　➢ 没有自行车和行人干扰；

　➤ 在进行主干路路段通行能力和服务水平分析时，如果不具备以上基本条件，分析人员应该在考虑上述假设条件的基础上，对计算结果进行分析修正后，才能应用。

8.2　适用条件与限制条件

　　本章介绍的服务水平分析方法可以评价主干路的畅通性，主干路所提供的畅通程度用直行交通流的行程速度来评定，该方法适用的主干路长度至少为 3km（在市中心区，为 1.5km）。

　　本章介绍的方法没有考虑两个交叉口之间的干扰情况，例如，路内停车、路段坡度、车道数量的变化、中央分隔带、横向交叉道路拥挤阻碍直行车流、下游交叉口处的排队延伸到上游交叉口等。

　　由于以上任何一种情况都会对直行交通流的速度造成很大影响，因此，当交叉口之间存在这些情况时，不能直接应用本章介绍的方法，而应最大限度地结合这些影响因素，利用其他的研究信息对方法进行修正。

8.3　分析方法

　　本章介绍的方法为评价城市主干路提供了体系框架。如果可以获得行程时间的现场实测数据，就可以用这个体系框架确定主干路的服务水平。图 8-2 给出了确定城市主干路服务水平的分析流程。

　　主干路服务水平分析的主要步骤包括：

　　（1）确定所考虑的主干路的位置与长度，将主干路划分为若干区段，并以此作为服务水平分析的基本单位；

　　（2）按照道路类型，结合自由流速度的测定，确定主干路等级；

　　（3）确定 15min 高峰小时交通量；

　　（4）根据主干路等级、自由流速度确定主干路路段的通行能力值；

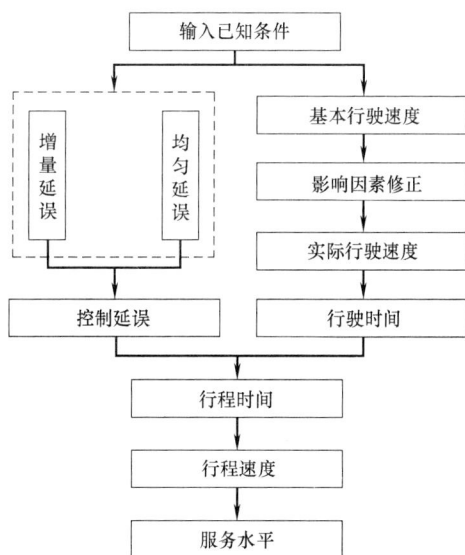

图 8-2　城市主干路的分析方法

　　（5）计算直行车辆在各个区段上的行驶时间和控制延误，并以区段汇总得到直行车辆在整个主干路上的行驶时间；

（6）计算平均行程速度，查表 8-2 主干路服务水平分级表，评定服务水平。

另外，通过直接测量主干路上直行车辆的行程速度，可以精确评价服务水平，而不需要采用本章的服务水平分析方法。

8.3.1 服务水平

本书以平均行程速度指标作为城市主干路服务水平分级参数，见表 8-2 所列。平均行程速度是指车辆行驶的路段长度与行程时间的比值。

城市主干路服务水平分级 表 8-2

主干路等级	Ⅰ	Ⅱ	Ⅲ
自由流速度范围(km/h)	70～55	55～50	50～40
典型自由流速度(km/h)	65	55	45
服务水平	平均行程速度(km/h)		
一级	>46	>39	>32
二级	>33～46	>28～39	>23～32
三级	>26～33	>22～28	>18～23
四级	>21～26	>17～22	>14～18
五级	≤21	≤17	≤14

8.3.2 确定自由流速度

选在小交通量条件下（低于 200veh/h/ln）进行测量，选取道路中部不受交通控制措施影响部分进行测量。如果不能观测到自由流速度，可以通过主干路的功能和设计类型通过表 8-1 来鉴别道路等级，选择合适的自由流速度值。

8.3.3 确定通行能力

（1）确定基本通行能力

路段上一条车道的基本通行能力指在基准条件下，能够服务的最大小时流率。可按车头时距和车头间距两种方法来计算，如式（8-1）所示：

$$C_B = \frac{3600}{\overline{h_t}} \text{ 或 } C_B = \frac{1000V}{\overline{h_s}} \tag{8-1}$$

式中 C_B——基本通行能力，pcu/h；

$\overline{h_t}$——平均最小车头时距，s；

V——交通流速度，km/h；

$\overline{h_s}$——平均最小车头间距，m。

本章给出了城市主干路路段上一条车道的基本通行能力推荐值，见表 8-3 所列。

主干路路段上一条车道的基本通行能力推荐值		表 8-3
主干路等级	自由流速度范围	基本通行能力(pcu/h/ln)
Ⅰ	70～55	1860
Ⅱ	55～50	1750
Ⅲ	50～40	1630

（2）确定实际通行能力

城市主干路路段的实际通行能力通过对基本通行能力进行修正得到，包括交通组成影响、车道数影响、车道宽度影响、信号交叉口间距影响四个方面的修正，计算公式如式（8-2）所示：

$$C_R = C_B \times N \times f_{HV} \times f_N \times f_W \times f_I \qquad (8-2)$$

式中　C_R——城市主干路的实际通行能力，pcu/h；

C_B——基本通行能力，pcu/h/ln；

N——单向车道数；

f_{HV}——交通组成影响修正系数；

f_N——车道数影响修正系数；

f_W——车道宽度影响修正系数；

f_I——信号交叉口间距影响修正。

1）交通组成影响修正

在城市主干路上，大型的货车相对较少，却有大量公交车或载客大巴和中巴。大中型车辆的动力性能不如小型车，对城市主干路路段的通行能力影响明显，故应对大中型车进行通行能力修正。其修正系数采用式（8-3）计算：

$$f_{HV} = \frac{1}{1 + \sum P_i (E_i - 1)} \qquad (8-3)$$

式中　P_i——车型 i 的交通量占总交通量的百分比，%；包括小型车、中型车、大型客车、大型货车和铰接车；

E_i——车型 i 的车辆折算系数，各车型车辆折算系数取值见表 8-4 所列。

车辆折算系数				表 8-4
车辆类型	小型车	中型车	大型客车	大型货车	铰接车
车辆折算系数	1.0	1.5	2.0	2.5	3.0

2）车道数影响修正

在多车道的主干路上，同向行驶的车辆由于超车、停车等原因影响另一条车道的通行能力。一般越靠近路中心线的车道，影响越小。因此，靠近路中心线的车道通行能力为最大，靠近右侧的车道通行能力最小。

本章中，自路中心线向右起第一条车道的影响修正系数定为 1.00，其余车道的影响修正系数依次为：第二条车道为 0.87、第三条车道为

0.73、第四条车道为 0.60，则车道数影响修正系数见表 8-5 所列。

车道数影响修正系数表 表 8-5

单向车道数	1	2	3	4
车道数影响修正系数 f_N	1.00	0.94	0.87	0.80

3）车道宽度影响修正

车道宽度对道路通行能力和行车的舒适性影响很大。车道宽度过窄影响车辆运行速度，导致路段通行能力下降。从保证通行能力的角度考虑，必需的车道宽度为 3.5m。因此，达不到 3.5m 宽的车道，其通行能力应按照表 8-6 中的数值进行修正。

车道宽度影响修正系数表 表 8-6

车道宽度(m)	≥3.5	3.25	3.0	2.75
车道宽度影响系数 f_W	1.00	0.94	0.85	0.77

4）信号交叉口间距影响修正

在路段上行驶的车辆受到上、下游信号交叉口的影响，在一定程度上影响了路段的通行能力，尤其是当信号交叉口间距较小时影响更为明显。

交叉口影响修正系数可用式（8-4）计算：

$$f_I = \begin{cases} \alpha & s < 200\text{m} \\ \alpha(0.0013s + 0.73) & 200\text{m} < s < 1000\text{m} \\ 1 & s \geq 1000\text{m} \end{cases} \quad (8-4)$$

式中 s——相邻信号交叉口间距，m；

α——交叉口有效通行时间比，视路段起点交叉口的控制方式而定，信号交叉口即为绿信比。

8.3.4 确定流率和饱和度

城市主干路分析中，分析时段选择在高峰时段，一般用 15min 作为分析段长度，通常需要将高峰小时交通量转化为 15min 高峰小时的交通量，按式（8-5）计算：

$$SF = \frac{Q_U}{PHF_{15}} \quad (8-5)$$

式中 SF——15min 高峰小时交通量，pcu/h；

Q_U——主干路高峰小时交通量，pcu/h；

PHF_{15}——15min 高峰小时系数。

主干路路段饱和度 $X = v/c$，其中，v 为交通流率单位 pcu/h；c 为通行能力，单位 pcu/h，按照式（8-6）计算：

$$X = \frac{v}{c} = \frac{SF}{C_R} \quad (8-6)$$

式中参数参见式（8-2）和式（8-5）。

8.3.5　确定行驶时间

（1）行驶时间计算

车辆在城市主干路上行驶所消耗的总时间由两部分组成：行驶时间和在信号交叉口处的控制延误。其中，车辆在各主干路区段上的行驶时间可由式（8-7）计算。主干路服务水平分析通常是以直行车辆的平均行程时间作为评价指标，因此，本章中的行驶时间是指主干路上直行车辆行驶时间。

$$T_{\mathrm{R}} = \frac{3600L}{V_{\mathrm{RR}}} \tag{8-7}$$

式中　T_{R}——主干路区段上的直行车辆平均行驶时间，s；

　　　L——干路区段的路段长度，km；

　　V_{RR}——主干路区段上直行车辆的实际行驶速度，km/h。

为了计算路段上的行驶时间，分析人员必须知道路段长度和直行车辆的平均行驶速度。其中，路段长度可以通过实地调查直接得到。平均行驶速度可通过对基本行驶速度进行修正得到。

（2）基本行驶速度计算

基本行驶速度计算如式（8-8）所示：

$$V_{\mathrm{RB}} = \frac{V_{\mathrm{f}}}{1 + \alpha(v/c)^{\beta}} \tag{8-8}$$

式中　V_{RB}——在饱和度为 v/c 时，路段上车辆的基本行驶速度，km/h；

　　V_{f}——主干路路段的自由流速度，km/h；

　α、β——模型参数值，根据在北京、广州等城市的实测数据分析结果，分别取 $\alpha = 0.526$，$\beta = 2.147$。

在已知路段自由流速度和饱和度的情况下，可由式（8-8）计算路段上车辆的基本行驶速度。

（3）实际行驶速度计算

通过对直行车辆的基本行驶速度进行修正得到实际行驶速度，如式（8-9）所示：

$$V_{\mathrm{RR}} = V_{\mathrm{RB}} \times f_{\mathrm{L}} \times f_{\mathrm{E}} \times f_{\mathrm{Bus}} \times f_{\mathrm{P}} \tag{8-9}$$

式中　V_{RR}——直行车辆的实际行驶速度，km/h；

　　f_{L}——路段长度对行驶速度的影响修正系数；

　　f_{E}——出入口对行驶速度的影响修正系数；

　f_{Bus}——公交站点对行驶速度的影响修正系数；

　　f_{P}——行人过街设施对行驶速度的影响修正系数。

1）路段长度影响修正系数

路段长度与行驶速度的关系明显，路段长度越短，行驶速度越低，反之，路段长度越长,行驶速度越高;当路段长度达到一定的限度时,行驶车速与路段长度的关系就变得不明显。路段长度修正系数 f_L 可由式(8-10)计算:

$$f_L = \begin{cases} 1.2 - \dfrac{250}{L+250} & L < 1000 \\ 1 & L \geqslant 1000 \end{cases} \quad (8\text{-}10)$$

式中 L——路段长度,m。

式(8-10)的计算结果可表示为表 8-7。

路段长度影响修正系数 表 8-7

路段长度(m)	300	400	500	600	700	800	900	≥1000
路段长度影响系数 f_L	0.74	0.81	0.87	0.91	0.94	0.96	0.98	1.00

2)出入口影响修正系数

城市主干路路段右侧的出入口对主线车辆的行驶速度有一定的影响,主要表现在通过出入口进出路段的车辆对主线车辆的影响上。本章以出入口密度(单位距离内路段右侧出入口的个数,个/km)作为衡量出入口对行驶速度影响程度的指标。随着路段右侧出入口密度的增加,行驶速度有下降的趋势。出入口影响修正系数 f_E 可由表 8-8 给出。

出入口影响修正系数 表 8-8

出入口密度(个/km)	≤5	6	7	8	9	10
出入口影响系数 f_E	1.00	0.86	0.81	0.75	0.69	0.61

3)公交站点影响修正系数

设有公交站点的路段,公交车辆进出站台时,会经历减速制动、停车和加速启动的过程,对主线车辆产生一定的干扰。本章选取公交车停车频次[单位时间内路段的公交停车次数,次/小时(time/h)]作为衡量公交站点行驶速度影响程度的指标,给出了公交站点影响修正系数 f_{Bus},计算公式如式(8-11)所示:

$$f_{Bus} = -0.00004 N_{bsf}^2 - 0.0023 N_{bsf} + 1 \quad (8\text{-}11)$$

式中 N_{bsf}——公交车停车频次,time/h。

4)过街设施影响修正系数

路段平面过街设施多少对车辆运行有显著影响,其影响修正系数 f_p 可由式(8-12)计算:

$$f_p = -0.12 N_{pc} + 1 \quad (8\text{-}12)$$

式中 N_{pc}——平面过街设施的密度,个/千米(facility/km)。

式(8-12)的计算结果也可表示为表 8-9。

平面过街设施影响修正系数 表 8-9

过街设施密度(facility/km)	1	2	3	4	5
过街设施影响系数 f_p	0.88	0.76	0.64	0.52	0.40

8.3.6 确定运行延误

确定主干路直行车辆的行驶速度后，为了得到主干路上直行车辆的行程速度，还需要知道交叉口的控制延误。由于主干路的功能是服务于直行交通流，因此应用直行交通流占用的车道组来反映城市街道的特征。

主干路直行车流在信号交叉口的控制延误由以下两个原因造成：一是交通信号引起的延误：包括车辆等待绿灯时间、车辆加速和减速过程中的时间损失；二是由于车辆到达随机性或个别周期车辆过饱和引起的增量延误。因此，常用的延误公式有两项构成：均匀延误 d_1 和增量延误 d_2，计算公式如式（8-13）所示：

$$d = d_1 + d_2 \tag{8-13}$$

式中 d——控制延误，s/veh；

d_1——均匀延误，s/veh；

d_2——增量延误，假定在分析开始时无初始排队，s/veh。

需要注意的是，由于本章中不考虑上游交叉口对来车规律的影响，因此，式（8-13）中没有通常见到的交通延误修正系数。

（1）均匀延误计算

均匀延误是假定交通流为稳定的，车辆均匀到达并没有初始排队的情况下车辆经历的平均延误，计算公式如式（8-14）所示：

$$d_1 = \frac{0.5C\left(1-\dfrac{g}{C}\right)^2}{1 - \left[\min(1, X_{TH})\dfrac{g}{C}\right]} \tag{8-14}$$

式中 g/C——绿信比，g 为有效绿灯时间，s；C 为信号周期，s；

X_{TH}——直行车道的饱和度。计算公式如式（8-15）所示：

$$X_{TH} = \frac{v_{TH}}{c_{TH}} \tag{8-15}$$

式中 v_{TH}——直行车道的高峰小时流率，pcu/h。计算公式如式（8-16）所示：

$$v_{TH} = SF \times (1 - P_{LH}) \tag{8-16}$$

式中 SF——15min 高峰小时流率，pcu/h；

P_{LH}——左转车辆占所有车辆的比例的乘积；

c_{TH}——直行车道的通行能力，等于实际直行车道饱和流率 S_{TH} 和直行交通流绿信比 g/C 的乘积。计算公式如式（8-17）所示：

$$c_{TH} = S_{TH} \times \frac{g}{C} \times N \tag{8-17}$$

式中 S_{TH}——一条直行车道组的实际饱和流率，veh/(h·ln)，计算方法见信号交叉口通行能力分析章节。

N——信号交叉口进口直行车道数；

其余参数的含义同前。

（2）增量延误计算

增量延误是由于车辆到达的随机性或持续的过饱和引起的延误。车辆到达随机性引起的延误是指车道组没有达到饱和状态，车辆到达和离开是平衡的，延误的增加主要是由于个别信号周期"溢出"车辆引起的；过饱和引起的延误是车辆到达超过了通行能力，车辆的延误主要是前面排队车辆影响引起的。针对上述两种情况，分别计算增量延误。

1）直行交通流处于非饱和状态时，增量延误计算公式见式（8-18）：

$$d_2=\begin{cases}\dfrac{1.261\times\left(\dfrac{S_{TH}\cdot N\cdot g}{3600}\right)^{-0.219}(X-0.5)}{\dfrac{v_{TH}}{3600}(1-X)} & 0.5<X<0.95 \\ \\ 0 & X\leqslant 0.5\end{cases}$$

（8-18）

式中 N——直行车道组的车道数；

其余参数的含义同前。

2）直行交通流处于饱和状态时，增量延误计算公式见式（8-19）：

$$d_2=900T\left[\left(X-1-\frac{2\gamma}{c_{TH}T_a}\right)+\sqrt{\left(X-1-\frac{2\gamma}{c_{TH}C}\right)^2+\frac{8\gamma(X-X_0)}{c_{TH}C}}\right],$$
$$X\geqslant 0.95$$

（8-19）

式中 T——分析持续时间，h，通常取为 0.25h；

γ——$\gamma=1.439\times(S_{TH}\times g)^{(-0.208)}$；

X_0——$X_0=0.67+(S_{TH}\times g)/600$；

式中其他参数的含义同前。

8.3.7 确定行程速度

每一段主干路区段上的行程速度计算公式见式（8-20）：

$$V_T=\frac{3600L}{T_R+d}$$

（8-20）

式中 V_T——主干路区段上直行车辆的平均行程速度，km/h；

L——主干路区段的路段长度，km；

T_R——主干路区段上直行车的行驶时间，s；

d——信号交叉口直行流向的控制延误，s。

整条主干路上的行程速度按照式（8-21）计算：

$$V_{Ta}=\frac{3600\sum_{i}^{n}L_i}{\sum_{i=1}^{n}(T_{Ri}+d_i)}$$

（8-21）

式中　V_{Ta}——整条主干路上直行车辆的平均行程速度，km/h；

L_i——第 i 个主干路区段的长度，km；

T_{Ri}——第 i 个主干路区段上直行车的行驶时间，s；

d_i——第 i 个信号交叉口直行流向的控制延误，s；

n——整条主干路划分的主干路区段个数。

8.4　应用流程

城市主干路通行能力分析一般分为规划与设计分析、运行状况分析两个层次。

由于城市主干路受到交叉口的影响，并且一般情况下交叉口的通行能力远小于路段的通行能力，整条城市主干路的通行能力瓶颈一般都是在交叉口处。因此，规划与设计部门在对主干路进行规划与设计分析时，通常是以交叉口的通行能力为依据，例如，城市主干路的车道数是以交叉口进口道车道数为依据确定的。但是，城市主干路路段的通行能力可以作为路内停车、路侧进出口等规划和设计的依据。例如，规划和设计人员可以通过分别计算路段与交叉口的通行能力并作比，得到路段富余的通行能力数，并以此为依据对路内停车情况进行规划和设计。

城市主干路通行能力分析主要为运行状况分析。主干路运行状况分析可以针对现有的或拟建的主干路进行，是在已知详细的道路几何线形及交通条件的基础上，通过运行状况分析，估计现有的或拟建的主干路中交通流的服务水平。运行状况分析可以用来评价主干路运营状况，或采取某些改造措施后产生的效果，也可以用来评价主干路的设计方案。

城市主干路通行能力分析主要步骤如下。

（1）输入已知数据：按照主干路运行状况分析的数据要求，明确分析路段长度、车道宽度、高峰小时交通量或者是观测交通量、交通组成、横向干扰情况、街道化程度等；将主干路划分为若干区段，并以此作为服务水平分析的基本单位；

（2）按照道路类型，结合自由流速度的测定，确定主干路等级；

（3）确定基本行驶速度：

按照式（8-8）计算各条主干路区段上车辆的基本行驶速度；

（4）确定实际行驶速度：

计算各条主干路区段上基本行驶速度的影响修正系数，按照式（8-9）对基本行驶速度进行修正得到实际行驶速度；

（5）确定行驶时间：

按照式（8-7）计算得到各条主干路区段上车辆的行驶时间；

（6）确定延误：

根据已知条件按照式（8-14）、式（8-18）或式（8-19）计算车辆在交叉口的均匀延误和增量延误，并根据式（8-13）计算得到车辆在信号交叉口的控制延误；

（7）计算行程速度：

按照式（8-20）计算直行车辆的平均行程速度，查表 8-2 确定主干路的服务水平。

8.5　实践算例

已知：一条长度为 3.36km 的有隔离带的 3 车道城市主干路，车道宽度为 3.5m，有 7 个信号交叉口，信号交叉口之间的距离分别为 0.32km、0.32km、0.48km、0.48km、0.64km 和 0.64km，信号周期 $C=70\text{s}$、绿信比 $g/C=0.6$、信号交叉口处直行车道数为 3 条，一条直行车道的实际饱和流率 $S_{\text{TH}}=1800\text{pcu/h}$，主干路的高峰小时流量 $Q_{\text{U}}=2900\text{pcu/h}$，15min 高峰小时系数 $PHF_{15}=0.925$，左转车辆比例 $P_{\text{LT}}=10\%$，路段上的自由流速度 $V_{\text{f}}=67.5\text{km/h}$，交通组成为：小客车 85％、中型车 10％、大型客车 5％，路段上出入口、公交站点、平面过街设施情况如表 8-10 所示。

求解：确定主干路的服务水平。

分析步骤：

（1）确定分析的主干路区段

按照主干路服务水平的定义将主干路划分为 6 个区段，分别进行分析，见表 8-10 所列。

（2）确定 15min 高峰小时流量

$$SF=\frac{Q_{\text{U}}}{PHF_{15}}=\frac{2900}{0.925}=3135\text{pcu/h}$$

（3）计算主干路实际通行能力 C_{R}

由自由流速度 $V_{\text{f}}=67.5\text{km/h}$，查表 8-3，取一条车道的基本通行能力 $C_{\text{B}}=1860\text{pcu/h}$。

1）计算交通组成修正系数 f_{HV}

由交通组成：小客车 85％、中型车 10％、大型客车 5％；查表 8-4 可得各种车型的折算系数；按式（8-3）计算交通组成修正系数，可得 $f_{\text{HV}}=0.91$。

2）计算车道宽度修正系数 f_{N}

由主干路路段为 3 车道，查表 8-5，得 $f_{\text{N}}=0.87$。

3）计算车道宽度修正系数 f_{W}

由车道宽度为 3.5m，查表 8-6，得 $f_{\text{W}}=1$。

4）计算信号交叉口间距正系数 f_{I}

按式（8-4），得 f_{I} 值见表 8-10 所列。

5）计算实际通行能力 C_{R}

按式（8-2），得 C_{R} 值见表 8-10 所列。

（4）确定路段饱和度 X

根据式（8-6）得，$X = \dfrac{v}{c} = \dfrac{SF}{C_R} = \dfrac{3135}{4418} = 0.71$。

（5）计算行驶时间

1）计算基本行驶速度

根据式（8-8）计算路段基本行驶速度，

$$V_{RB} = \frac{V_f}{1 + \alpha(v/c)^\beta} = \frac{67.5}{1 + 0.526(v/c)^{2.147}}，计算结果见表 8-10 所列。$$

2）计算实际行驶速度

根据式（8-10）计算路段长度影响修正系数，见表 8-10 所列；

查表 8-8，确定出入口影响修正系数，见表 8-10 所列；

根据式（8-11）确定公交站点影响修正系数 f_B，结果见表 8-10 所列；

查表 8-9 确定平面过街设施影响修正系数 f_p，结果见表 8-10 所列；

根据式（8-9）对基本行驶速度进行修正，计算结果见表 8-10 所列。

3）确定行驶时间

根据式（8-7）计算行驶时间，计算结果见表 8-10 所列。

（6）计算控制延误

1）计算直行车道的 15min 高峰小时流率 v_{TH} 和直行车道通行能力 c_{TH}

根据式（8-16）得到：

$$v_{TH} = SF \times (1 - P_{LH}) = 3135 \times (1 - 0.9) = 2822\text{pcu/h}$$

根据式（8-17）得到：

$$c_{TH} = S_{TH} \times \frac{g}{C} \times N = S_{TH}\frac{g}{C} = 1800 \times 0.6 \times 3 = 3240\text{pcu/h}$$

2）计算直行车道组的饱和度 X_{TH}

根据式（8-15）计算得到：

$$X_{TH} = \frac{v_{TH}}{c_{TH}} = \frac{2822}{3240} = 0.87$$

3）计算均匀延误 d_1

根据式（8-14）计算均匀延误，计算结果见表 8-10 所列。

4）计算增量延误 d_2

根据直行车流饱和度情况，选择式（8-18）或式（8-19）计算增量延误，计算结果见表 8-10 所列。

5）计算控制延误 d

在得到均匀延误和控制延误数据后，根据式（8-13）计算控制延误，计算结果见表 8-10 所列。

（7）计算各主干路区段和整条主干路的平均行程时间

根据式（8-7）计算各主干路区段的平均行程时间，计算结果见表 8-10 所列；

将各主干路区段平均行程时间汇总得到整条主干路的行程时间 T：

$$T = \sum T_R = 408s$$

（8）计算各主干路区段和整条主干路的平均行程速度

根据式（8-20）计算各主干路区段的平均行程速度，结果见表 8-10 所列；根据式（8-21）计算整条主干路的平均行程速度，$V_{Ta} = 25.3km/h$。

（9）确定服务水平

查表 8-2 主干路服务水平分级表，由行程速度范围确定服务水平，各主干路区段的服务水平评价结果见表 8-10 所列；整条主干路的服务水平为四级。

主干路运行状况分析表

表 8-10

城市主干路运行状况分析表

一般信息			站点信息		
分析员： 作业日期： 作业时段：			分析主干路名称： 主干路等级： 行驶方向：		

	路段					
	1	2	3	4	5	6
输入参数						
区段	1	2	3	4	5	6
路段长度 L(km)	0.32	0.32	0.48	0.48	0.64	0.64
自由流速度 V_f(km/h)	67.5	67.5	67.5	67.5	67.5	67.5
周期长度 C(s)	70	70	70	70	70	70
有效绿灯时间 g(s)	42	42	42	42	42	42
绿信比 g/C	0.6	0.6	0.6	0.6	0.6	0.6
路段右侧出入口个数(个)	2	2	3	3	3	3
公交车停车频次 N_{bsf}(time/h)	0	60	0	0	45	0
行人过街设施个数(个/km)	0	0	1	0	0	0
高峰小时流量 Q_U(pcu/h)	2900	2900	2900	2900	2900	2900
高峰小时系数 PHF_{15}	0.925	0.925	0.925	0.925	0.925	0.925
左转车辆比例 P_{TH}(pcu/h)	0.1	0.1	0.1	0.1	0.1	0.1
直行车道组实际饱和流率 S_{TH}(pcu/h)	1800	1800	1800	1800	1800	1800
计算路段饱和度						
15min 高峰小时流量 $SF = \dfrac{Q_U}{PHF_{15}}$(pcu/h)	3135	3135	3135	3135	3135	3135
交通组成修正数 $f_{HV} = \dfrac{1}{1 + \sum p_i(E_i - 1)}$	0.91	0.91	0.91	0.91	0.91	0.91

续表

项目						
车道数影响修正系数 f_N,查表 8-5	0.87	0.87	0.87	0.87	0.87	0.87
车道宽度影响修正系数 f_W,查表 8-6	1	1	1	1	1	1
信号交叉口间距修正系数 f_I,(式 8-4)	0.69	0.69	0.81	0.81	0.94	0.94
路段实际通行能力 $C_R = C_B \times N \times f_{HV} \times f_N \times f_W$(pcu/h)	3038	3038	3589	3589	4140	4140
路段饱和度 $X = \dfrac{v}{c} = \dfrac{SF}{C_R}$	1.03	1.03	0.87	0.87	0.76	0.76
计算行驶时间						
基本行驶速度 $V_{RB} = \dfrac{67.5}{1+0.526(v/c)^{2.147}}$(s)	43.19	43.19	48.44	48.44	52.34	52.34
路段长度修正系数 f_L	0.76	0.76	0.85	0.85	0.92	0.92
公交站点影响修正系数 f_{Bus}	1.00	0.72	1.00	1.00	0.82	1.00
出入口密度(个/km)	6.25	6.25	6.25	6.25	4.69	4.69
出入口修正系数 f_E	0.86	0.86	0.86	0.86	1.00	1.00
行人过街设施修正系数 f_P	1.00	1.00	0.88	1.00	1.00	1.00
实际行驶速度 V_R(km/h)	28.2	20.3	31.2	35.4	39.5	48.2
行驶时间 T_{Ri}(s)	40.8	56.7	55.5	48.8	58.4	47.8
计算延误						
直行车道的 15min 高峰小时流率 $v_{TH} = SF \times (1-P_{LH})$(pcu/h)	2821	2821	2821	2821	2821	2821
直行车道通行能力 $c_{TH} = S_{TH}\dfrac{g}{C}$ (pcu/h)	3240	3240	3240	3240	3240	3240
直行车道组饱和度 $X_{TH} = \dfrac{v_{TH}}{c_{TH}}$	0.87	0.87	0.87	0.87	0.87	0.87
均匀延误 d_1(s),用式(8-14)计算	11.7	11.7	11.7	11.7	11.7	11.7
增量延误 d_2(s),用式(8-18)或式(8-19)计算	2.7	2.7	2.7	2.7	2.7	2.7
控制延误 d(s),用式(8-13)计算	14.4	14.4	14.4	14.4	14.4	14.4
计算行程速度						
行程时间 T_R+d(s)	55.3	71.3	78.7	63.2	77.9	62.3
行程速度 V_T(km/h)	21	16	22	27	30	37
服务水平	五级	五级	三级	三级	三级	二级

总行程时间 $= \sum(T_R+d) = 408$s;
总长 $= \sum L = 2.88$km;
总行程速度 $V_{Ta} = \dfrac{3600 \times 总长}{总行程时间} = 25.3$km/h

城市主干路总的服务水平,查表(8-2),服务水平为四级

8.6 附录 8-1 主干路运行状况分析表

城市主干路运行状况分析表

表 8-11

城市主干路运行状况分析表						
一般信息			站点信息			
分析员：			分析主干路名称：			
作业日期：			主干路等级：			
作业时段：			行驶方向			
	路段					
输入参数						
区段						
路段长度 L(km)						
自由流速度 V_f(km/h)						
周期长度 C(s)						
有效绿灯时间 g(s)						
绿信比 g/C						
路段右侧出入口个数(个)						
公交车停车频次 N_{bsf}(次/h)						
行人过街设施个数(个/km)						
高峰小时流量 Q_U(pcu/h)						
高峰小时系数 PHF_{15}						
左转车辆比例 P_{TH}(pcu/h)						
直行车道组实际饱和流率 S_{TH}(pcu/h)						
计算路段饱和度						
15min 高峰小时流量 $SF=\dfrac{Q_U}{PHF_{15}}$(pcu/h)						
交通组成修正数 $f_{HV}=\dfrac{1}{1+\sum p_i(E_i-1)}$						
车道数修正系数 f_N,查表(8-5)						
车道宽度修正系数 f_W,查表(8-6)						
信号交叉口间距修正系数 f_I,(式 8-4)						
路段实际通行能力 $C_R=C_B\times N\times f_{HV}\times f_N\times f_W$pcu/h						
路段饱和度 $X=\dfrac{v}{c}=\dfrac{SF}{C_R}$						
计算行驶时间						
基本行驶速度 $V_{RB}=\dfrac{67.5}{1+0.526(v/c)^{2.147}}$(s)						

续表

路段长度修正系数 f_L						
公交站点影响修正系数 f_B						
出入口密度(个/km)						
出入口修正系数 f_E						
行人过街设施修正系数 f_P						
实际行驶速度 V_R (km/h)						
行驶时间 T_{Ri} (s)						
计算延误						
直行车道的 15min 高峰小时流率 $v_{TH} = SF \times (1 - P_{LH})$ (pcu/h)						
直行车道通行能力 $c_{TH} = S_{TH} \dfrac{g}{C}$ (pcu/h)						
直行车道组饱和度 $X_{TH} = \dfrac{v_{TH}}{c_{TH}}$						
均匀延误 d_1 (s),用式(8-14)计算						
增量延误 d_2 (s),用式(8-18)或式(8-19)计算						
控制延误 d (s),用式(8-13)计算						
计算行程速度						
行程时间 $T_R + d$ (s)						
行程速度 V_T (km/h)						
服务水平						
总行程时间 $=\sum(T_R + d) = \underline{\quad}$ s; 总长 $=\sum L = \underline{\quad}$ km; 总行程速度 $V_{Ta} = \dfrac{3600 \times 总长}{总行程时间} = \underline{\quad}$ km/h	**城市主干路总的服务水平,查表 8-2,服务水平为**					

参 考 文 献

[1] 任福田，刘小明，荣建等. 交通工程学 [M]. 北京：人民教育出版社，2008

[2] 王炜，过秀成. 交通工程学 [M]. 南京：东南大学出版社，2000.

[3] 陈宽民，严宝杰. 道路通行能力分析 [M]. 北京：人民交通出版社，2003.

[4] 王殿海，严宝杰. 交通流理论 [M]. 北京：人民交通出版社，2002.

[5] 王建军，严宝杰. 交通调查与分析 [M]. 北京：人民交通出版社，2004.

[6] 张起森，张亚平. 道路通行能力分析 [M]. 北京：人民交通出版社，2002.

[7] 公路工程技术标准 JTG B01—2003 [S]. 北京：人民交通出版社，2004.

[8] 公路路线设计规范 JTG B20—2006 [S]. 北京：人民交通出版社，2006.

[9] 城市道路设计规范 CJJ 37—90 [S]. 北京：中国建筑工业出版社，1991.

[10] 城市道路交通设计规范 GB 50220—95 [S]. 北京：中国建筑工业出版社，1995.

[11] Highway Capacity Manual [R]. Transportation Research Board，Special Report 209. National Research Council. Washington D. C. ，1994.

[12] Highway Capacity Manual [R]. Transportation Research Board，Special Report 209. National Research Council. Washington D. C. ，1997.

[13] Highway Capacity Manual [M]，Transportation Research Board，National Research Council，4th Edition. Washington D. C. ，2000.

[14] 盛骤，谢式千，潘承毅. 概率论与数理统计 [M]. 北京：高等教育出版社，1989

[15] 美国交通工程师协会. 道路通行能力手册（HCM）[M]. 任福田等译. 北京：建筑工业出版社，1991.

[16] 道路交通信号灯设置与安装规范 GB 14886—2006 [S]. 北京：中国建筑工业出版社，2006.

[17] Hebert，J. A. A Study of Four-Way Stop Intersection Capacities [J]. Highway Research Record 27. HRB. Washington，D. C. 1963.

[18] Richardson，A. J. A Delay Model for Multiway Stop-Sign Intersections [J]. Transportation Research Record 1112. TRB，Washington D. C. ，1987.

[19] Wu，N. Capacity at All-Way Stop-Controlled and First-In-First-Out Intersections [C] //Proceedings of the 4th International Symposium on Highway Capacity. Hawaii：Transportation Research Circular E-C018，2000.

[20] Wu，N. Determination of Capacity at All-Way Stop-Controlled（AWSC）Intersections [J]. Transportation Research Record，2000（1710）：205-214.

[21] Wu，N. Total Capacities at AWSC Intersection-Validation and Comparison of the HCM Procedure and the ACF Technique [J]. Transportation Research Record，2002（1802）：54-61.

[22] HBS. German Highway Capacity Manual [M]. Forschungsgesellschaft fuer Strassen-und Verkehrswesen（FGSV），Cologne，2001.

[23] Werner Brilon，Ning Wu. Capacity at unsignalized intersections derived by conflict technique [J]. Transportation Research Record，2001（1776）：82-90.

［24］ Werner Brilon，Thorsten Miltner. Capacity at Intersections without Traffic Signals ［J］. Transportation Research Record，2005（1920）：32-40.

［25］ 王炜. 无控制交叉口通行能力及延误的车队分析法［J］. 重庆交通大学学报，1995（1）：36-44.

［26］ 王炜. 道路平面交叉口通行能力的延误分析法［J］. 中国公路学报. 1998，11（增刊）：62-67.

［27］ 郭瑞军，王永亮，郑明明. 一种环形交叉口通行能力测算方法［J］. 交通运输系统工程与信息. 2006，6（3）：82-84.

［28］ 邵长桥. 平面信号交叉口延误分析［D］. 北京工业大学，2002.

［29］ U. S. Department of Transportation & Federal Highway Administration. Manual on Uniform Traffic Control Devices 2009 Edition ［M］. 2009.

［30］ 周荣贵等. "公路通行能力研究" 研究报告［R］. 北京：交通部公路科学研究院，2000.

［31］ 赵林. 城市道路信号交叉口通行能力及其影响因素研究［D］. 北京工业大学，2008.

［32］ 冯树民，裴玉龙. 行人过街条件下道路路段机动车延误分析［J］. 交通运输系统工程与信息. 2007，7（3）：74-77.

［33］ Bureau of Public Roads. Traffic Assignment manual ［M］. U. S Department of Commerce，1964：56-65.

［34］ 陈金川. 交织区通行能力研究［D］. 北京工业大学，1999.